钱 山 漾

——第三、四次发掘报告

（下）

浙江省文物考古研究所
湖 州 市 博 物 馆　编著

文物出版社

北京 · 2014

QIANSHANYANG

A Report on the Third and Fourth Excavations of the Site

II

(*with English and Japanese abstracts*)

Cultural Relics and Archaeology Institute of Zhejiang Province

Huzhou Museum

Cultural Relics Press

Beijing · 2014

下册目录

插图目录

彩版目录

附录一

马桥文化灰坑资料汇编

一 ⅠA型灰坑

9个。

H46

位于T1001东部。开口于第2A层下，打破J8，灰坑西端又被H23打破。坑口直径1.73～1.8、深0.34米。斜弧壁，圜底。坑内堆积为灰褐色土，包含物有少量陶片和石锛、斧、犁等。（图f1-0-1A、B）

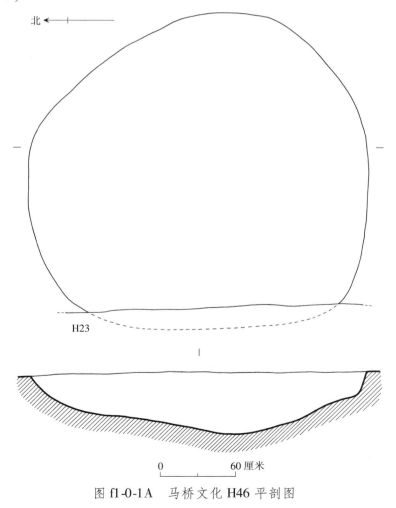

图 f1-0-1A　马桥文化 H46 平剖图

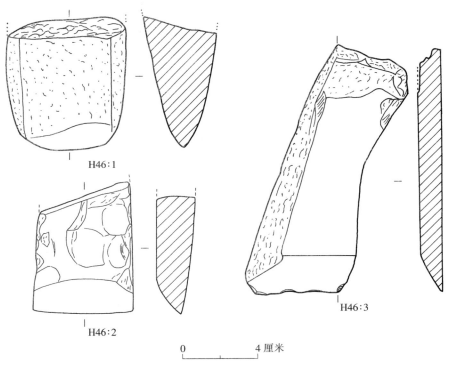

H46:1

H46:2

H46:3

0　　　　　　　　4 厘米

图 f1-0-1B　马桥文化 H46 出土器物

H46:1，A 型石斧。灰色杂砂岩。残。器身被打琢成粗糙的麻点状。残长 7.1 厘米。

H46:2，Ac 型石锛。灰白色石质。顶部残。单面刃。刃宽 5.3 厘米。

H46:3，石犁残件。灰黑色泥质粉砂岩。器扁平，一侧边起单面刃。厚 1.15 厘米。

H94

位于 T1001 西部。开口于第 2A 层下，打破第 4B、6B、6C、7B、8 层和 F1，灰坑北端又被 H8 打破。坑口直径 2.36~2.44、深 1.26 米。斜壁，底近平。坑内堆积为灰褐色土，质地紧密。包含物有陶片、石器和木器，器形有陶三足盘、豆、拍、器盖和石锛、戈及木桨等。（图 f1-0-2A、B）

H94:1，Bd 型石锛。浅灰白色硅质泥质岩。

H94:2，石戈（?）。灰黄色板岩。（彩版一〇七:2）

H94:3，Ba 型三足盘。夹砂红陶。

H94:4，Cd 型器盖盖纽。泥质黑衣陶。

H94:5，B 型陶拍。夹砂灰黄陶。柄略残。

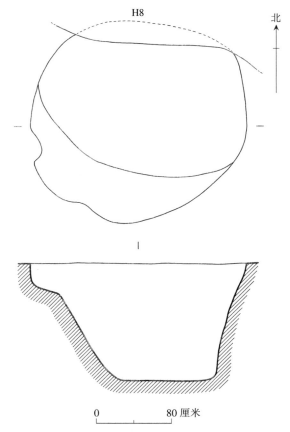

H8

北

0　　　　　　　80 厘米

图 f1-0-2A　马桥文化 H94 平剖图

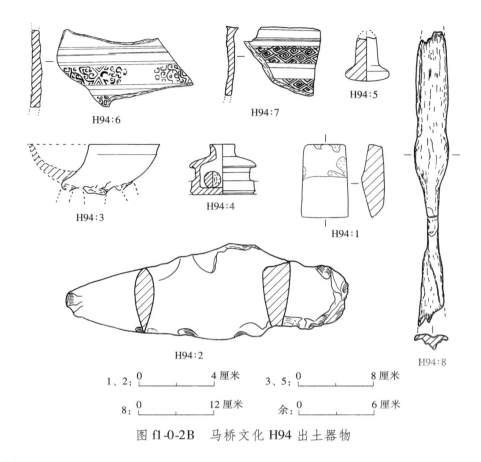

1、2：0 ——— 4 厘米   3、5：0 ——— 8 厘米

8：0 ——— 12 厘米   余：0 ——— 6 厘米

图 f1-0-2B 马桥文化 H94 出土器物

残高 4.8 厘米。

H94：6，Ab 型豆柄。泥质灰陶。柄部饰压印的变体云雷纹。

H94：7，Ab 型豆柄。泥质黄胎黑陶。柄部饰压印的菱形云雷纹。

H94：8，木桨。两端残。残长 48 厘米。

H128

位于 T0902 北部。开口于第 2A 层下，打破 F3 墙槽。坑口直径 0.78～0.86、深 0.17 米。斜弧壁，平底。坑内堆积为灰褐色土，夹杂细小的红烧土颗粒。包含物有少量碎小陶片。

H174

位于 T03 东部。开口于第 2A 层下，打破第 4A 层和 H175、H184。坑口直径 1.6～1.7、深 0.18 米。斜弧壁，浅底近平。坑内堆积为灰褐色土。包含物主要为陶片，器形有鼎、甗、罐、瓿、器盖等。（图 f1-0-3A、B）

H174：1，Aa 型甗口沿。夹砂红陶。

H174：2，B 型瓿底部。泥质灰黄陶。

H174：3，Db 型泥质罐口沿。泥质橘红陶。

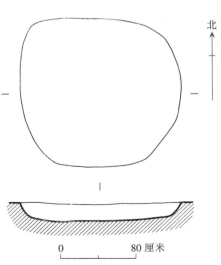

北

0 ——— 80 厘米

图 f1-0-3A 马桥文化 H174 平剖图

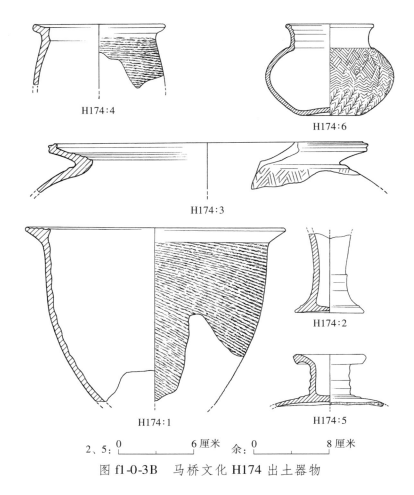

H174：4

H174：6

H174：3

H174：2

H174：1

H174：5

2、5：0　　　　　6厘米　　余：0　　　　　8厘米

图 f1-0-3B　马桥文化 H174 出土器物

H174：4，Aa 型鼎口沿。夹砂灰陶。

H174：5，B 型器盖。泥质黑陶。残。纽径 5.8 厘米。

H174：6，Ea 型泥质罐。泥质橘黄陶。（彩版七七：2）

H200

详见第五章遗迹介绍。

H203

详见第五章遗迹介绍。

H213

位于 T01 往北扩方处。开口于第 4A 层下，打破第 6C、7B、8 和 12 层。坑口直径 1.2～1.26、深 0.76 米。斜壁，小凹弧底。坑内堆积为灰褐色土，包含物主要为陶片，器形有鼎、豆、罐等。（图 f1-0-4A、B）

H213：1，豆盘。泥质灰黄陶。敞口，折腹。口径 28 厘米。系钱山漾一期文化遗存遗留物。

H213：2，BaⅠ式鼎口沿。夹砂红陶。

H213：3，Db 型泥质罐口沿。泥质红褐色硬陶。折

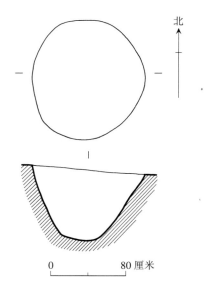

北

0　　　　　80厘米

图 f1-0-4A　马桥文化 H213 平剖图

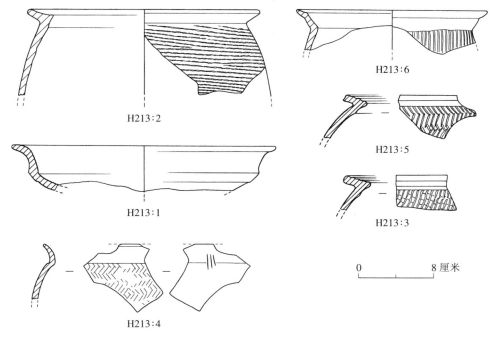

图 f1-0-4B 马桥文化 H213 出土器物

沿，腹部拍印斜向条格纹。

　　H213：4，Aa 型泥质罐口沿。泥质橘红陶。沿面有一刻划陶文。

　　H213：5，Cb 型泥质罐口沿。泥质橘黄陶。折沿。沿面有旋纹，腹部拍印曲折纹。

　　H213：6，Dd 型泥质罐口沿。泥质橘红陶。

H215

　　位于 T01 中东部。开口于第 4A 层下，打破第 6C、7B 层。坑口东北部被 H212 打破。坑口直径 1.24、深 0.21 米。斜弧壁，底近平。坑内堆积为灰褐色土，包含少量陶片，器形有豆等。（图 f1-0-5）

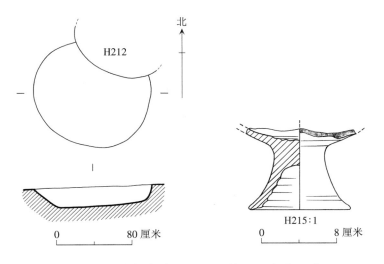

图 f1-0-5 马桥文化 H215 平剖图及出土器物

H215：1，G 型豆柄。泥质红褐陶。底径 10.8 厘米。（彩版六五：5）

H216

位于 T01 往西扩方处西端，西半侧延伸至发掘区外，未清理。开口于第 2A 层下，打破第 7B、8 和生土层。坑口直径约 0.7、深 0.56 米。斜弧壁，底略圜。坑内堆积为深灰褐色土，包含少量陶片。

二　I B 型灰坑

78 个。

H4

位于 T1101 的西北部。开口于第 2A 层下，打破第 6C 层。坑口直径 0.62~1、深 0.17 米。坑壁斜弧，底近平。坑内堆积为灰黑色土，包含有少量陶片。

H6

位于 T1101 的南部。开口于第 2A 层下，打破第 4A、6C、7B 层和遗迹 G2、H66。坑口直径 0.66~1.66、深 0.52 米。斜壁，坑底北高南低。坑内堆积为深灰褐色土，包含有少量陶片，器形有鼎、器盖等。（图 f1-0-6）

H6：1，Aa 型器盖。残。粗泥红陶。纽径约 6.6 厘米。

H6：2，BaⅢ 式鼎。夹砂灰陶。凹弧足残。腹部饰斜向篮纹。口径 23.6 厘米。

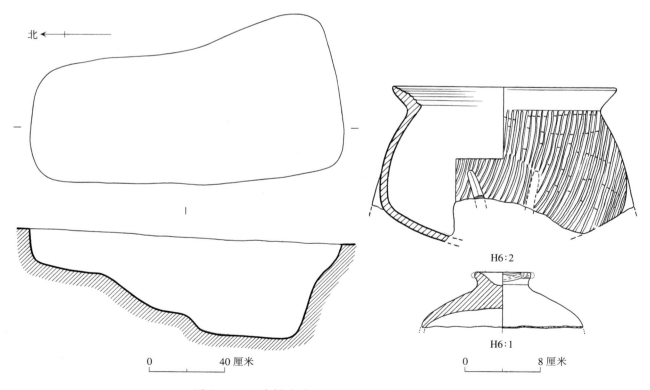

图 f1-0-6　马桥文化 H6 平剖图及出土器物

H10

位于 T1002 的南部，南半部伸入 T1001 北隔梁中，未清理。开口于第 2A 层下，打破第 4B 层。坑口残径 1.08～1.8、深 0.25 米。坑壁斜弧，底略圜。坑内堆积为灰黑色土，土质疏松，包含有少量陶片和石器，器形有陶鬲、罐和石镞等。（图 f1-0-7A、B）

H10：1，Ac 型鬲。夹砂红褐陶。舌形足残。腹部饰竖向绳纹。口径 26.6，残高 24.8 厘米。（彩版六一：4）

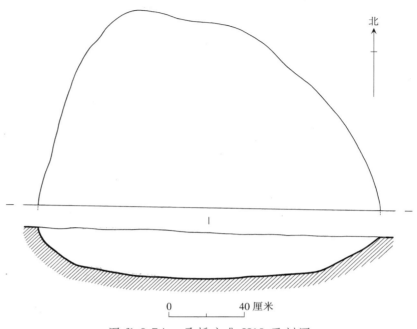

图 f1-0-7A　马桥文化 H10 平剖图

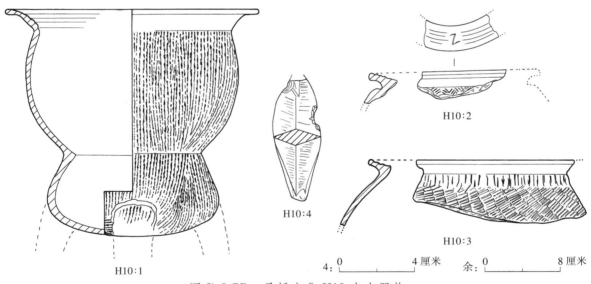

图 f1-0-7B　马桥文化 H10 出土器物

H10：2，Cb 型泥质罐口沿。泥质橘红陶。折沿，束颈。沿面有一刻划陶文。口径 17.6 厘米。（彩版五〇：8）

H10：3，Cb 型泥质罐口沿。泥质紫褐陶。折沿。颈部有竖向抹痕，腹部饰斜向条格纹。

H10：4，Ba 型石镞。灰黑色泥岩。锋部略残。截面菱形，扁铤。残长 6.7 厘米。

H11

位于 T1002 的西南部。开口于第 2A 层下，打破第 4B 层。坑口直径 0.65～1.38、深 0.19 米。坑壁斜弧，底浅平。坑内堆积为深灰褐色土，包含物主要为陶片，器形有罐、盆、钵等。（图 f1-0-8）

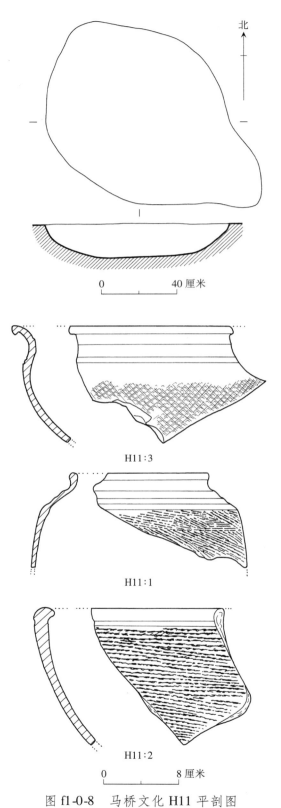

图 f1-0-8　马桥文化 H11 平剖图
　　　　　及出土器物

H11:1，Hb 型泥质罐口沿。泥质灰黄陶。肩部饰有弦纹，腹部饰斜向绳纹。

H11:2，A 型钵口沿。泥质灰黑陶。腹部饰横向绳纹。

H11:3，Aa Ⅲ 式盆口沿。泥质灰陶。侈口，翻贴缘，束颈，鼓肩。颈部三周凹弦纹，腹部饰斜向方格纹。

H12

位于 T1101 的东北部。开口于第 2A 层下，打破第 4B 和 6C 层。坑口直径 0.77～0.85、深 0.2 米。坑壁斜弧，圜底。坑内堆积为深灰褐色土，包含有陶片，器形有罐、钵、器盖等。（图 f1-0-9）

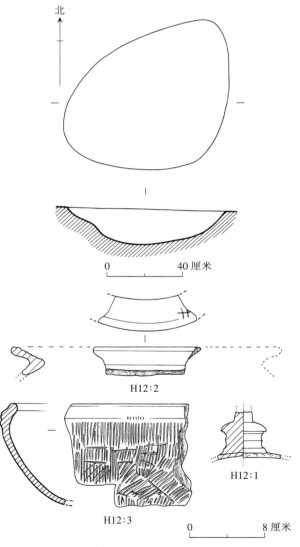

图 f1-0-9　马桥文化 H12 平剖图及出土器物

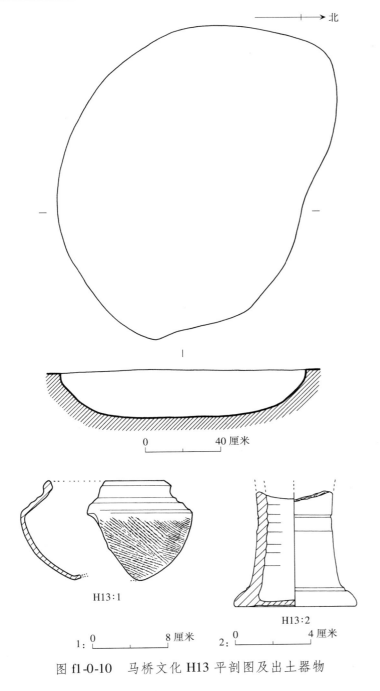

图 f1-0-10　马桥文化 H13 平剖图及出土器物

H12：1，Ca 型器盖纽。泥质灰陶。残高 5.2 厘米。

H12：2，Db 型泥质罐口沿。泥质橘红陶。折沿。沿面有一刻划陶文。

H12：3，A 型钵口沿。泥质灰陶。敛口，弧腹。腹部饰零乱的篮纹。

H13

位于 T1002 的西部，西半部伸入 T0902 东隔梁中。开口于第 2A 层下，打破第 4B 层。坑口直径 1.22～1.62、深 0.27 米。坑壁斜弧，底浅平略圜。坑内堆积为深灰褐色土，包含物有少量陶片，器形有罐、瓤等。（图 f1-0-10）

H13：1，GⅡ式泥质罐。泥质灰陶。凹底残。肩部饰二周凸棱，腹部饰斜向绳纹。

H13：2，Aa 型瓤底部。泥质黄陶。大平底微内凹。

H14

位于 T1002 的西南部。开口于第 2A 层下，打破第 4B 层。坑口直径 1.02～1.8、深 0.27 米。坑壁斜弧，底稍圜。坑内堆积为深灰褐色土，包含物有陶片和石器，器形有陶鼎、瓤、豆、钵和石刀等。（图 f1-0-11）

H14：1，石刀。灰黑色泥质粉砂岩。两侧残，残呈不规则梯形。上边起双面平刃，下边起双面凸弧刃。形态少见。高 8.5 厘米。疑是早期遗存遗留物。

H14：2，DbⅢ式豆。柄下端残。泥质灰黄陶。

H14：3，Cc 型鼎。夹砂灰褐陶。（彩版六一：1）

H14：4，A 型钵。泥质灰陶。（彩版八七：4）

H14：5，Ab 型瓤。夹砂红陶。足残。

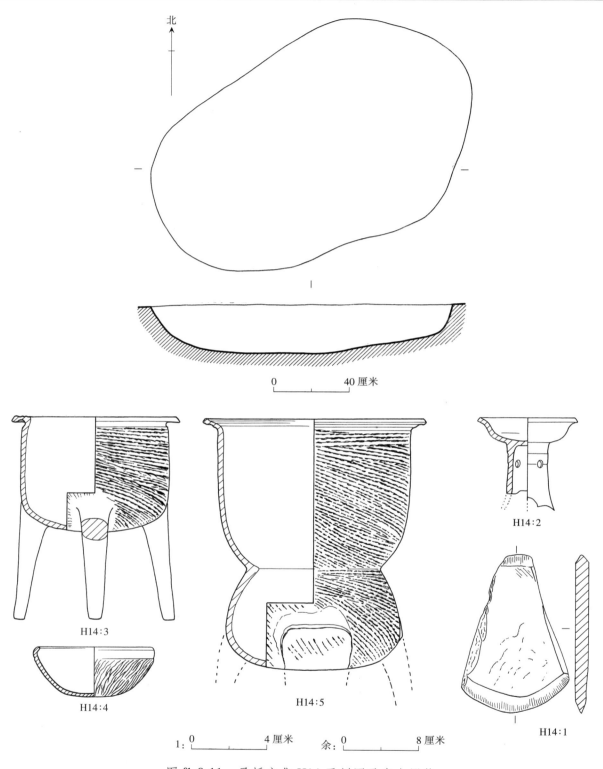

图 f1-0-11　马桥文化 H14 平剖图及出土器物

H17

位于 T1002 的中部。开口于第 2A 层下，打破第 4B 层。坑口直径 0.76～1.08、深 0.15 米。坑壁斜弧，底略圜。坑内堆积为深灰褐色土，包含少量陶片。

H18

位于 T1002 的中部。开口于第 2A 层下，打破第 4B 层。坑口直径 0.88～1.1、深 0.13 米。坑壁斜弧，底略圜。坑内堆积为深灰褐色土，包含物有少量陶片和陶网坠等。（图 f1-0-12）

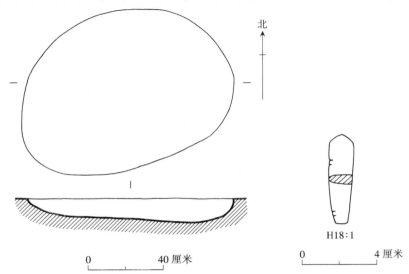

图 f1-0-12　马桥文化 H18 平剖图及出土器物

H18：1，陶网坠。泥质灰陶。平面长条形，通长 4.8 厘米。

H19

位于 T1002 的中西部。开口于第 2A 层下，打破第 7B 层。坑口直径 1.79～2.36、深 0.18 米。坑壁斜弧，底略圜。坑内堆积为深灰褐色土，包含物主要为陶片，器形有鼎、盆、陶拍等。（图 f1-0-13）

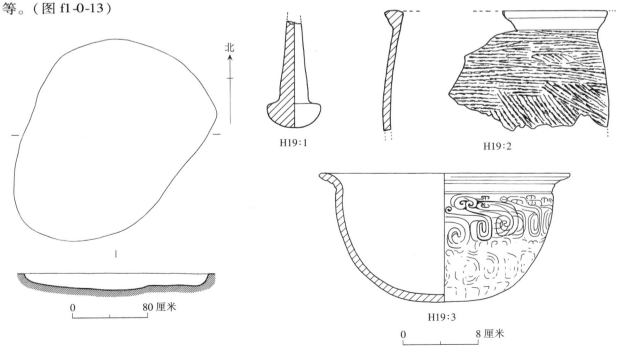

图 f1-0-13　马桥文化 H19 平剖图及出土器物

H19：1，A 型陶拍。泥质紫褐陶。柄略残。（彩版九二：2）

H19：2，AbⅠ式鼎口沿。夹砂红褐陶。

H19：3，B 型盆。泥质红陶。腹部饰云雷纹。（彩版六九：5）

H24

详见第五章遗迹介绍。

H27

位于 T1001 的南部。开口于第 2A 层下，打破第 4B 层和 H75。坑口直径 1.09～1.65、深 0.22 米。坑壁斜弧，圜底。坑内堆积为深灰褐色土，包含少量陶片。

H28

位于 T1102 的中西部。开口于第 2A 层下，打破第 6B 层。坑口直径 1.03～1.1、深 0.31 米。坑壁斜直，底略圜。坑内堆积为深灰褐色土，包含少量陶片。

H37

位于 T1002 的东部，往东伸入东隔梁中，未清理。开口于第 2A 层下，打破第 7B、8 层和第 13 层。坑口残径 0.66～1.45、深 0.7 米。坑较深，坑壁斜直，底略平。坑内堆积为深灰褐色土，包含少量陶片和绿松石珠等。（图 f1-0-14）

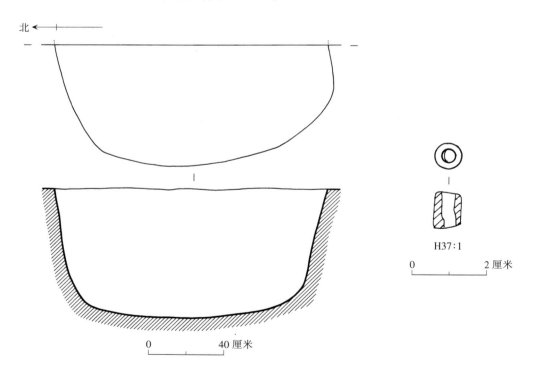

图 f1-0-14　马桥文化 H37 平剖图及出土器物

H37：1，绿松石珠。双面钻孔。直径 0.7、高 1 厘米。

H39

位于 T1002 的东南部。开口于第 2A 层下，打破第 4B 层。坑口直径 0.37～0.7、深 0.11 米。坑壁斜直，底平。坑内堆积为深灰褐色土，包含少量陶片。

H40

位于 T1002 的中部。开口于第 2A 层下，打破第 4B 层。坑口直径 0.66~1.08、深 0.17 米。坑壁斜直，底略圜。坑内堆积为深灰褐色土，包含少量陶片，器形有豆等。

H43

位于 T1101 的中西部。开口于第 2A 层下，打破第 4B 层。灰坑西南侧上部被近代坑扰。坑口直径 0.74~1.03、深 0.15 米。斜弧壁，底近平。坑内堆积为灰黑色土，土质松，含少量草木灰和碎陶片。

H44

位于 T1101 的中北部。开口于第 2A 层下，打破第 4B 层。坑口直径 0.66~1.08、深 0.17 米。坑壁斜直，底略圜。坑内堆积为深灰褐色土，包含少量陶片。

H47

位于 T1102 的北部，北侧大部伸入北隔梁中，未清理。开口于第 2A 层下，打破第 4B、10 和 13 层。坑口最长 3.07、深 0.58 米。坑壁斜弧，圜底。坑内堆积为深灰褐色土，包含少量陶片，器形有豆等。（图 f1-0-15）

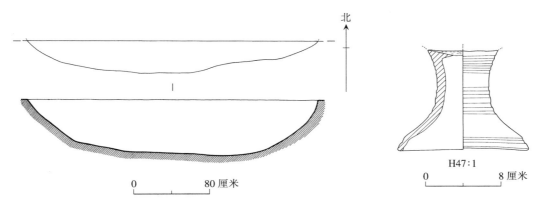

北

H47:1

0　　　　80 厘米　　　　　　　　　　0　　　　8 厘米

图 f1-0-15　马桥文化 H47 平剖图及出土器物

H47:1，Aa 型豆柄。泥质灰陶。柄部饰组合凹弦纹。

H49

位于 T1002 的中南部。开口于第 2A 层下，打破第 4B 层，被一马桥文化时期柱洞（坑）（T1002D1）打破。坑口直径 0.62~0.99、深 0.11 米。坑壁斜弧，圜底。坑内堆积为深灰褐色土，包含少量陶片，器形有罐等。（图 f1-0-16）

H49:1，Cb 型泥质罐口沿。泥质橘红陶。折沿。沿面有一刻划陶文，肩部饰竖向篮纹。

H50

位于 T0901 的东隔梁中。开口于第 2A 层下，打破第 4B 层和 F1。坑口直径 0.62~0.88、深 0.17 米。坑壁斜弧，底近平。坑内堆积为深灰褐色土，包含少量陶片。

H54

位于 T0901 的中南部。开口于第 2A 层下，打破第 4A 层。坑口直径 0.83~1.48、深 0.07 米。坑浅，直壁，底近平。坑内堆积为深灰褐色土，包含少量陶片。

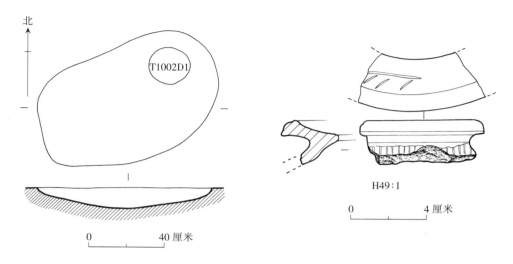

图 f1-0-16 马桥文化 H49 平剖图及出土器物

H55

位于 T0902 的西南部。开口于第 2A 层下，打破第 4A、7B、8 和第 10～13 层。坑口直径 1.3～1.8、深 0.9 米。灰坑西、北壁斜弧，呈二层台，东、南壁斜直。底近平。坑内堆积为深灰褐色土，夹杂少量草木灰，包含物主要为陶片，器形有鼎、盆、罐、器盖等。（图 f1-0-17）

H55：1，AaⅡ式盆。泥质灰陶。

H55：2，Aa 型器盖。夹砂灰陶。

H55：3，Cc 型泥质罐。泥质橘红陶，夹杂橘黄色。（彩版七四：1）

H55：4，AaⅡ式盆。泥质灰陶。（彩版六七：1）

H55：5，Cd 型鼎。夹砂灰陶。足残。

H55：6，Cd 型鼎口沿。夹砂橘黄陶。（彩版六一：5）

H62

位于 T0901 的西南部。开口于第 2A 层下，打破第 4A 层。坑口直径 0.65～1.05、深 0.12 米。坑壁斜直，底平。坑内堆积为深灰褐色土，包含少量陶片。

H65

位于 T1101 的南部。开口于第 2A 层下，打破第 4A 层和 H66。坑口直径 0.49～0.83、深 0.12 米。坑壁斜直，底近平。坑内堆积为深灰褐色土，包含少量陶片。

H71

位于 T0902 的中东部。开口于第 2A 层下，打破第 7B 层。坑口直径 0.91～1.26、深 0.12 米。斜弧坑壁，底近平。坑内堆积为深灰褐色土，包含部分陶片，器形有盆等。（图 f1-0-18）

H71：1，J 型盆。泥质灰陶。（彩版七〇：5）

H72

位于 T0902 的东南部。开口于第 2A 层下，打破第 7B 层。坑口直径 0.76～1.03、深 0.16 米。坑壁斜弧，底平。坑内堆积为深灰褐色土，包含少量碎小陶片。

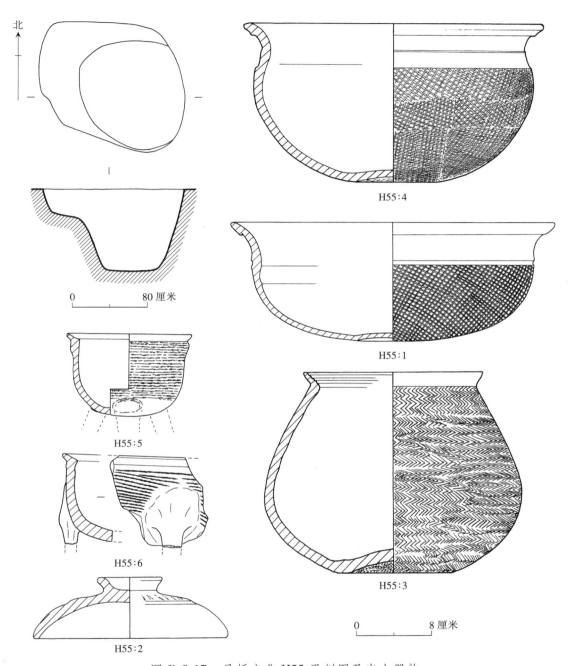

图 f1-0-17　马桥文化 H55 平剖图及出土器物

H73

位于 T0902 的中西部。开口于第 2A 层下，打破第 7B 层和 H92。坑口直径 0.69～1.2、深 0.24 米。坑壁斜弧，底略圜。坑内堆积为灰黑色土，包含有部分陶片，器形有豆、盆等。（图 f1-0-19）

H73：1，DbⅢ式豆。泥质灰胎黑衣陶，黑衣脱落严重。柄下端残。

H73：2，DbⅡ式豆。泥质红胎黑衣陶。柄下端残。

H73：3，DbⅡ式豆。泥质橘黄陶。（彩版六四：6）

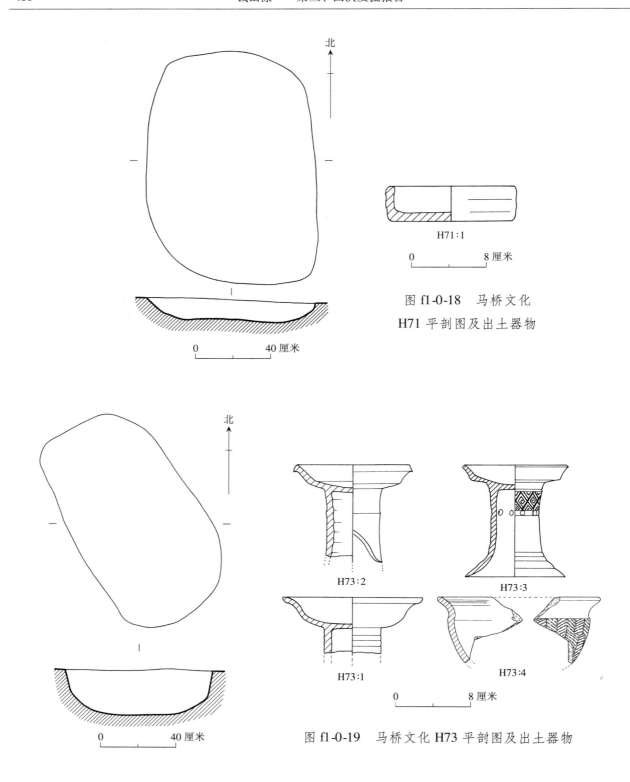

图 f1-0-18　马桥文化
H71 平剖图及出土器物

图 f1-0-19　马桥文化 H73 平剖图及出土器物

H73：4，AbⅡ式盆。泥质黑陶。底残。肩腹部饰竖向叶脉纹，比较少见。

H74

位于 T0902 的中北部。开口于第 2A 层下，打破第 7B 层。坑口直径 0.57～1.37、深 0.13
米。坑壁斜直，底略圜。坑内堆积为深灰褐色土，包含少量陶片。

H76

位于 T0802 的南部。开口于第 2A 层下，打破第 4A、6C、7B 和 8 层。坑口直径 0.95 ~ 2.6、深 0.33 米。坑壁斜弧，底略圜。坑内堆积为深灰褐色土，包含物有陶片和石器，器形有陶鼎、豆、觯、瓠、罐、器盖和石锛、刀等。（图 f1-0-20A、B）

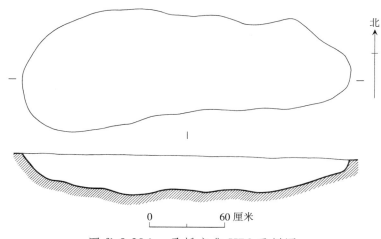

图 f1-0-20A　马桥文化 H76 平剖图

H76∶1，Bc 型石锛。灰色石质。

H76∶2，石坯料。灰黑色泥质粉砂岩。

H76∶3，Ab 型石刀。黑色泥质粉砂岩。残存一半。

H76∶4，Aa 型瓠。泥质黑陶。（彩版八四∶5）

H76∶5，残石器。黑色石质。（彩版一〇九∶4）

H76∶6，C 型觯的底部。泥质灰黄陶。

H76∶7，Hc 型泥质罐。泥质灰胎黑衣陶。残。器形少见。

H76∶8，DaⅡ式豆盘。泥质灰胎黑衣陶。敞口，斜方唇，折腹，浅盘。口径 14 厘米。

H76∶9，石刀半成品。灰黑色板岩。残。（彩版一〇八∶5）

H76∶10，Ca 型器盖。泥质黑陶。（彩版九一∶1）

H76∶11，BaⅡ式鼎。夹砂橘红陶。残。

H76∶12，残石器。灰色板岩。残。器形不明。

H76∶13，B 型器盖盖纽。泥质灰黄陶。纽径 5.2 厘米。

H76∶14，Db 型泥质罐口沿。泥质橘黄陶。沿面有一刻划陶文。（彩版五二∶2）

H76∶15，泥质罐罐底。泥质灰陶。

H78

位于 T0902 的中部。开口于第 2A 层下，打破第 7B 层、8 层、10 ~ 13 层和 H92。坑口直径 1.85 ~ 2.06、最深 1.09 米。灰坑北壁斜弧，往下有二层台，东、南、西壁斜直，底略圜。坑内堆积为深灰褐色土，包含物主要为陶片，器形有鼎、盆、三足盘、碗、陶拍等。（图 f1-0-21）

H78∶1，B 型陶拍。夹砂灰黑陶。柄残。残高 6 厘米。

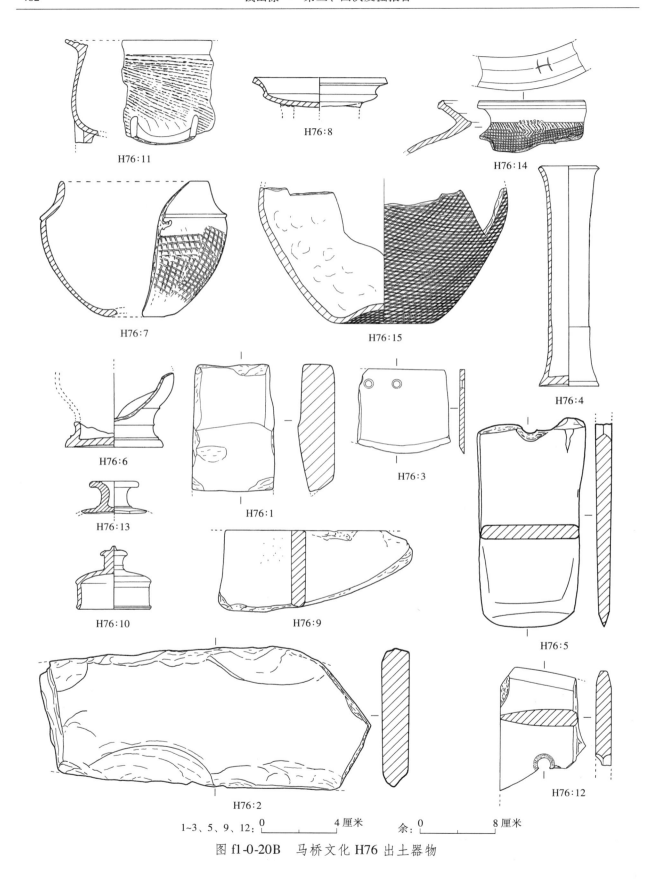

H76:11

H76:8

H76:14

H76:7

H76:15

H76:4

H76:6

H76:1

H76:3

H76:13

H76:5

H76:10

H76:9

H76:2

H76:12

1~3、5、9、12: 0 ____ 4厘米   余: 0 ____ 8厘米

图 f1-0-20B   马桥文化 H76 出土器物

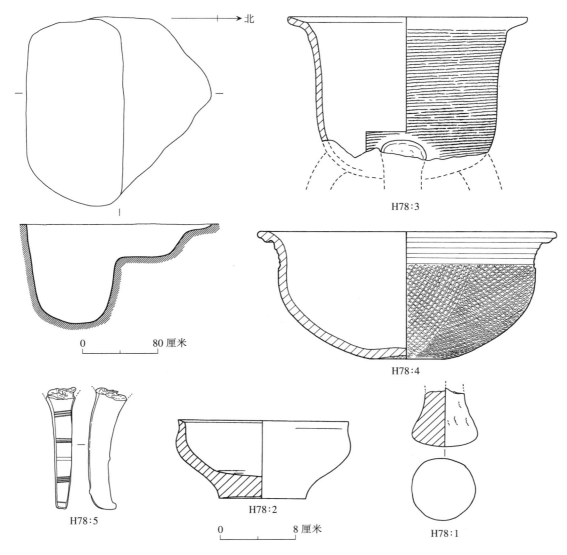

图 f1-0-21　马桥文化 H78 平剖图及出土器物

H78：2，碗。夹砂红陶。（彩版八九：6）

H78：3，Ce 型鼎。夹砂灰黄陶。折沿，腹部饰横向绳纹。足残。

H78：4，AaⅡ式盆。泥质灰胎黑衣陶，黑衣脱落殆尽。

H78：5，A 型三足盘足。泥质灰陶，火候较高。足尖外撇，截面近方形。

H83

位于 T0802 的西北部。开口于第 2A 层下，打破第 4A 和 7B 层。坑口直径 0.77～1.5、深 0.36 米。坑壁斜直，底略圜。坑内堆积为深灰褐色土，包含有部分陶片，器形有鼎、罐、盆 等。（图 f1-0-22）

H83：1，Da 型夹砂罐。夹砂红褐陶。（彩版八〇：3）

H83：2，AaⅡ式鼎。夹砂红褐陶。舌形足下部残。

H83：3，AaⅡ式盆。泥质灰陶。

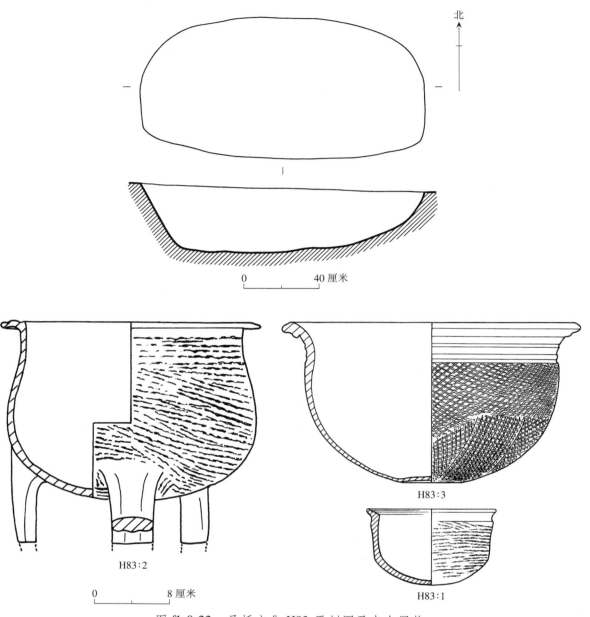

北

0 ———— 40 厘米

H83:2

0 ———— 8 厘米

H83:3

H83:1

图 f1-0-22　马桥文化 H83 平剖图及出土器物

H90

位于 T0902 的西部。开口于第 2A 层下，打破第 7B 层。坑口直径 0.92～1.37、深 0.24 米。坑壁斜弧，底略圜。坑内堆积为深灰褐色土，包含少量陶片。

H91

位于 T0902 的西部。开口于第 2A 层下，打破第 7B 层。坑口直径 0.57～0.66、深 0.23 米。坑壁较直，底近平。坑内堆积为深灰褐色土，包含少量陶片。

H92

位于 T0902 的西北部。开口于第 2A 层下，打破第 7B、8 层，灰坑的东、南部分别被 H78 和 H73 打破。坑口残径 1.05～1.2、深 0.42 米。坑壁北侧斜弧，南侧斜直，底略圜。坑内堆

积为深灰褐色土，包含少量陶片，器形有陶拍等。（图 f1-0-23）

H92：1，陶拍。泥质红陶。柄残。残高 3.9 厘米。

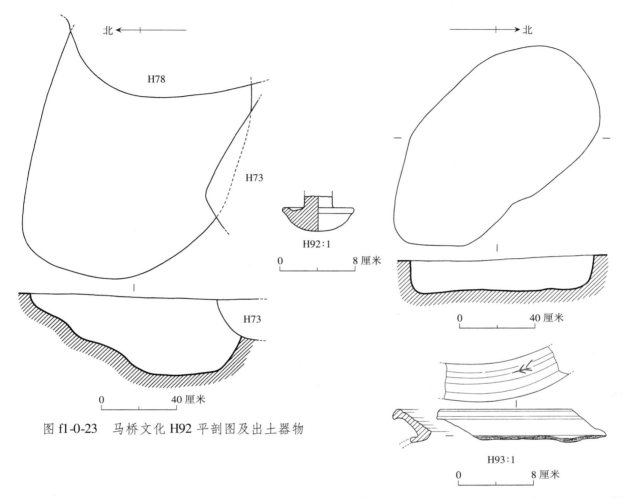

图 f1-0-23　马桥文化 H92 平剖图及出土器物

图 f1-0-24　马桥文化 H93 平剖图及出土器物

H93

位于 T0902 的东北部。开口于第 2A 层下，打破第 7B 层。坑口直径 0.73～1.34 米，深 0.18 米。坑壁斜直，底近平。坑内堆积为深灰褐色土，包含少量陶片，器形有罐等。（图 f1-0-24）

H93：1，Db 型泥质罐口沿。泥质橘红陶。折沿。沿面有一刻划陶文。（彩版五四：1）

H96

位于 T1202 的南部，灰坑东南部部分伸入发掘区外，未清理。开口于第 4A 层下，打破第 4B 层和 H124。坑口直径 0.94～3、深 0.41 米。西壁陡直，其他三面坑壁斜弧，底高低不平。坑内堆积为深灰褐色土，包含部分陶片和石器，器形有罐、豆和残石器等。（图 f1-0-25）

H96：1，Ed 型泥制罐。泥质橘红陶。口沿略残。（彩版七七：6）

H96：2，残石器。灰黑色泥质粉砂岩。器形扁平，一侧边起单面刃。厚 0.6 厘米。

H96：3，豆柄。泥质灰陶。细高柄上部有组合凹弦纹。系钱山漾二期文化遗存遗留物。

H98

位于 T1202 的中东部。开口于第 4A 层下，打破第 4B 层和 H124。坑口直径 1.02 ~ 1.32、深 0.29 米。坑壁斜直，底部南高北低。坑内堆积为深灰褐色土，包含部分陶片和石器，器形有陶觯和石镰等。（图 f1-0-26）

H98:1，A 型觯。原始瓷，灰白色胎，浅褐色釉。口残。（彩版八五:3）

H98:2，石镰。灰黑色粉砂质泥岩。残。

H103

位于 T0903 的东南部。开口于第 2A 层下，打破第 6A 层和 F3 墙槽。坑口直径 1.16 ~ 1.38、深 0.16 米。坑壁斜弧，浅圜底。坑内堆积为深灰褐色土，包含少量陶片。

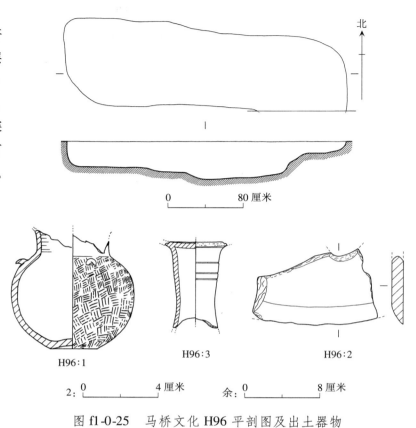

H96:1　　H96:3　　H96:2

图 f1-0-25　马桥文化 H96 平剖图及出土器物

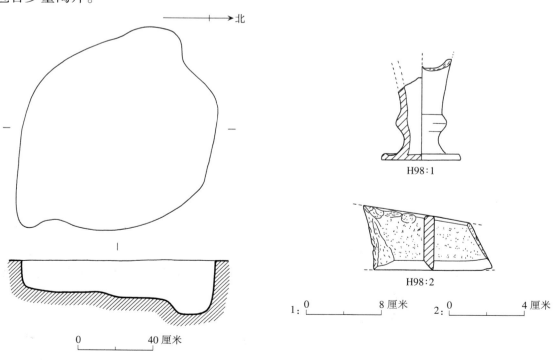

H98:1

H98:2

图 f1-0-26　马桥文化 H98 平剖图及出土器物

H104

位于 T0903 的中南部。开口于第 2A 层下，打破第 6A 和 8 层。坑口直径 0.58~1.22、深 0.36 米。坑壁斜弧，底部由西往东倾斜。坑内堆积为深灰褐色土，包含少量陶片和残石刀等。（图 f1-0-27）

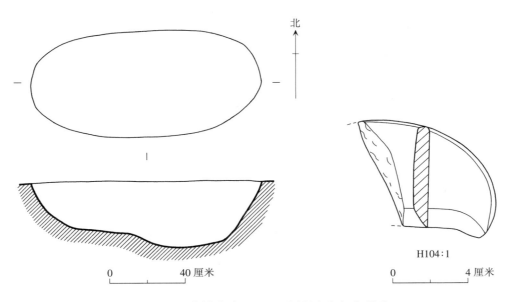

图 f1-0-27　马桥文化 H104 平剖图及出土器物

H104:1，Aa 型石刀。灰黑色粉砂质泥岩。残。

H106

位于 T1003 的西南部。开口于第 2A 层下，打破第 6A、8 和 10 层。灰坑东侧被 H105 打破。坑口直径 1.36~3.12、深 0.44 米。坑壁斜弧，底略圜。坑内堆积为深灰褐色土，夹杂有红烧土块或颗粒，包含少量陶片和石镞等。（图 f1-0-28）

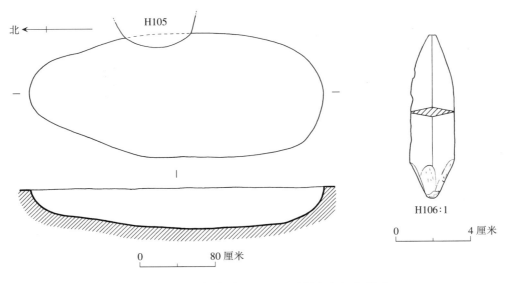

图 f1-0-28　马桥文化 H106 平剖图及出土器物

H106：1，Ab 型石镞。灰黑色泥岩。磨制。锋部和挺部略残。（彩版一〇五：2）

H109

位于 T0802 的西北部，开口于第 2A 层下，打破第 4A 层，北侧被 H82 打破。坑口直径 0.72～1.33、深 0.4 米。坑壁斜弧，圜底。坑内堆积为深灰褐色土，包含物有少量陶片和陶纺轮等。（图 f1-0-29）

H109：1，A 型陶纺轮。泥质黑陶。正面和侧缘饰折线状刻划纹。

H112

位于 T0802 的西北部。开口于第 2A 层下，打破第 4A 和 7B 层。坑口直径 0.8～1.5、深 0.38 米。坑壁斜直，平底。坑内堆积为深灰褐色土，包含物有陶片和石器，器形有陶豆、拍和石锛等。（图 f1-0-30）

H112：1，Bb 型石锛。黑色石质。（彩版九八：1）

H112：2，C 型陶拍。夹砂灰陶。（彩版九四：1）

H112：3，Bb I 式豆盘。泥质灰胎黑衣陶。

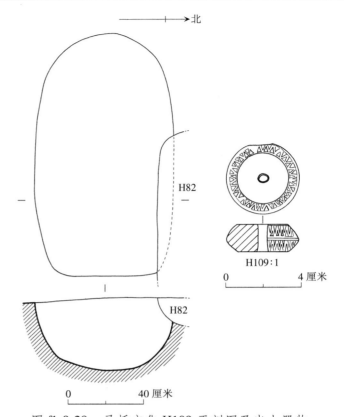

图 f1-0-29　马桥文化 H109 平剖图及出土器物

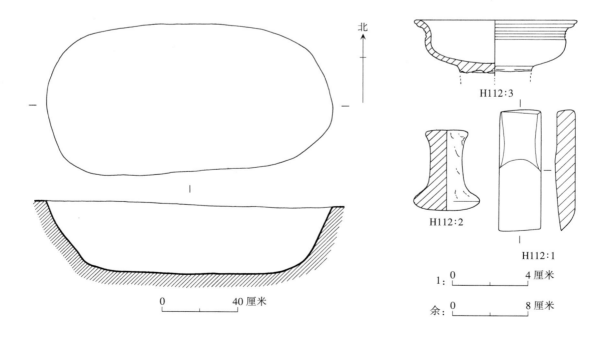

图 f1-0-30　马桥文化 H112 平剖图及出土器物

H113

位于 T0802 的北部。开口于第 2A 层下，打破第 7B、8、12 层和 F3 墙槽。坑口直径 0.8～0.9、深 0.34 米。斜弧壁，圜底。坑内堆积为深褐色土，夹杂有炭粒，包含少量碎小陶片。

H114

位于 T0903 的西南部。开口于第 2A 层下，打破第 6A、7B 层和 F3 墙槽。坑口直径 1.26～1.96、深 0.26 米。坑壁斜弧，坑底由西北往东南倾斜。坑内堆积为深灰褐色土，包含物有少量陶片和石锛等。（图 f1-0-31）

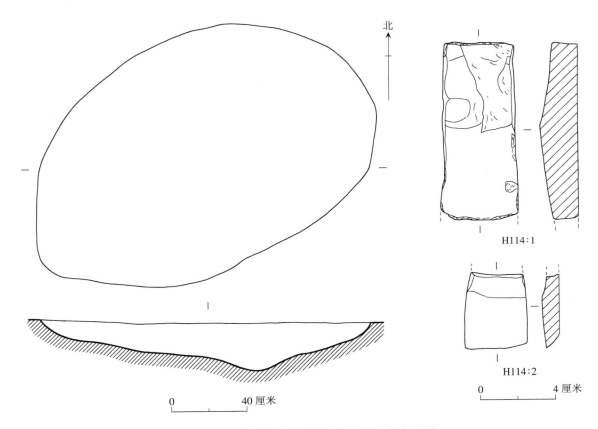

H114:1

H114:2

图 f1-0-31　马桥文化 H114 平剖图及出土器物

H114:1，Ba 型石锛。灰色石质。刃部残。

H114:2，Bd 型石锛，灰色硅质泥岩。顶部残。残长 4.2 厘米。

H117

位于 T0803 的东南部。开口于第 2A 层下，打破第 6A 层、7B、12、13 层、F3 墙槽和 H120。坑口直径物有 0.78～1.6、深 0.39 米。坑壁较直，坑底由东往西倾斜。坑内堆积为深灰褐色土，包含物有少量陶片和石锛等。（图 f1-0-32）

H117:1，Bc 型石锛。灰色石质。刃部略残。（彩版九八：6）

H124

位于 T1202 的南部，南半部伸出发掘区外，未清理。开口于第 4A 层下，打破第 4B 和 13 层，灰坑西端和北部分别被 H96、H98 打破。坑口直径 0.71～2.94、深 0.34 米。坑壁直，

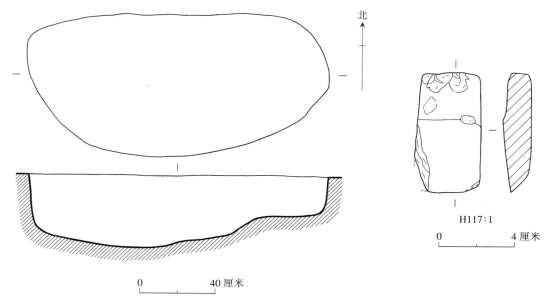

图 f1-0-32　马桥文化 H117 平剖图及出土器物

底近平。坑内堆积为深灰褐色土，包含部分陶片，器形有鸭形壶、瓿、豆等。（图 f1-0-33）

　　H124：1，A 型壶。泥质紫褐胎灰陶，火候较高。（彩版八六：3）

　　H124：2，Ab 型瓿底部。泥质灰黄胎黑衣陶。

　　H124：3，Aa 型豆柄。泥质灰黄陶。

H126

　　位于 T1003 的中部。开口于第 2A 层下，打破第 6A 层、F3 墙槽和 H127，灰坑西部又被 H105、H107 打破。坑口残径 0.72～1.22、深 0.18 米。坑壁斜弧，底略圜。坑内堆积为深灰褐色土，包含少量陶片。

H134

　　位于 T0802 的西南部，南侧大部伸入 T0801 北隔梁中，未清理。开口于第 2A 层下，打破第 4A、6C 和 8 层。坑口残径 0.25～1.35、深 0.33 米。坑壁斜弧，圜底。坑内堆积为深灰褐色土，包含有少量陶片。

H136

　　位于 T1001 的中北部。开口于第 4B 层下，打破第 6C、7B、8 层和生土层，又被遗迹 G4、

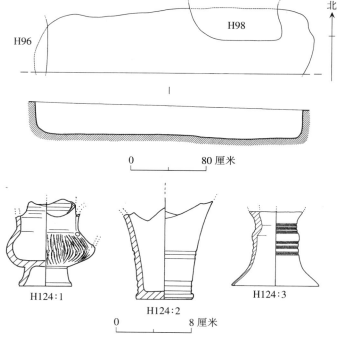

图 f1-0-33　马桥文化 H124 平剖图及出土器物

H34 打破。坑口残径 1.1 ～ 1.4、深 0.51 米。斜弧壁，圜底。坑内堆积为深灰褐色土，包含少量陶片。

H140

位于 T1103 的东部，东半部伸出发掘区外，未清理。开口于第 2A 层下，打破 H141。坑口残径 1.1 ～ 1.35、深 0.42 米。坑壁斜直，底略圜。坑内堆积为灰黑土，包含少量陶片。

H141

位于 T1103 的东部，小部分往东伸出发掘区外，未清理。开口于第 2A 层下，打破第 4A、7B、12、13 层和 G7，叠压 J6，又被 H140 打破。坑口残径 2.54 ～ 3.08、深 0.39 米。坑壁斜弧，底部略圜。坑内堆积为深灰褐色土，包含物有陶片和石器等，器形有陶罐、豆、拍和石锛等。（图 f1-0-34）

H141∶1，DaⅡ式豆。泥质黑衣陶。柄下部残。

H141∶2，Af 型泥质罐。泥质灰胎黑陶。口沿残。（彩版七三∶2）

H141∶3，Bc 型石锛。灰色石质。（彩版九八∶3）

H141∶4，陶拍。夹砂红陶。蘑菇形。柄残。残高 3.8 厘米。

H141∶5，DaⅡ式豆盘。泥质灰黄胎黑衣陶。

H142

位于 T1103 的东北部，灰坑往东、往北伸出发掘区外，未清理。开口于第 2A 层下，打破第 4A、6C、7B、12 和 13 层。坑口残径 2.1 ～ 2.3、深 0.38 米。坑壁斜弧，底部不平，西南部略高。坑内堆积为深灰褐色土，包含物有陶片和石器等，器形有陶罐、豆、觚、器盖和石刀、犁等。（图 f1-0-35A、B）

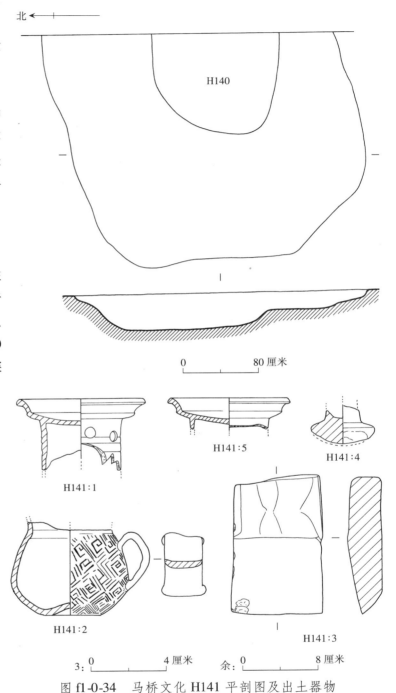

图 f1-0-34　马桥文化 H141 平剖图及出土器物

H142：1，B 型器盖。泥质灰陶。（彩版九○：6）

H142：2，石刀半成品。灰黑色石质。初步打制成半月形状。（彩版一○八：3）

H142：3，石犁残件。灰黑色石质。器扁平。厚0.8 厘米。

H142：4，B 型瓿。泥质黑陶。口沿及上腹残。

H142：5，Aa 型豆柄。泥质黑衣陶。

H142：6，Cd 型泥质罐。泥质灰色硬陶。底残。沿面有一刻划陶文。（彩版五二：4，七四：5）

H142：7，Cb 型器盖纽。泥质灰黄陶。

H142：8，Hc 型泥质罐口沿。泥质灰胎黑衣陶。

H142：9，DaⅡ式豆盘。泥质灰黄陶。

H143

位于 T1103 的北部，灰坑往北伸出发掘区外，未清理。开口于第 2A 层下，打破第 4A、6C 和 7B 层。坑口残径 1.11～1.35、深 0.27 米。坑壁斜直，底部

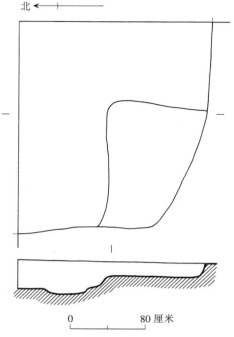

图 f1-0-35A　马桥文化 H142 平剖图

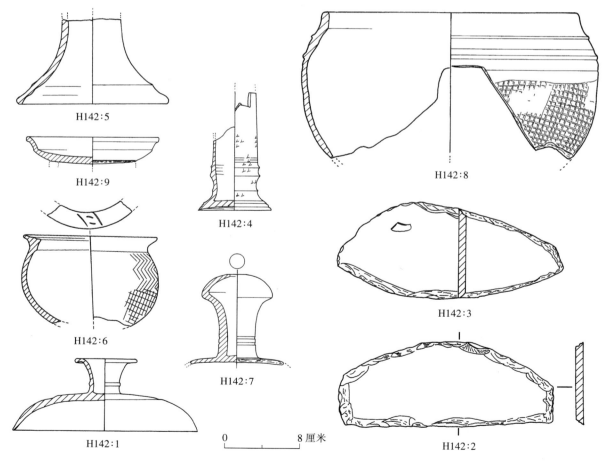

H142：5

H142：9

H142：4

H142：8

H142：6

H142：7

H142：3

H142：1

0　　　　　　8 厘米

H142：2

图 f1-0-35B　马桥文化 H142 出土器物

近平，坑底发现一石块。坑内堆积为深灰褐色土，包含有少量陶片。

H144

位于 T1103 的中北部。开口于第 2A 层下，打破第 4A 层。坑口直径 0.7～1、深 0.1 米。坑壁斜弧，浅圜底。坑内堆积为深灰褐色土，包含有少量陶片，器形有器盖等。（图 f1-0-36）

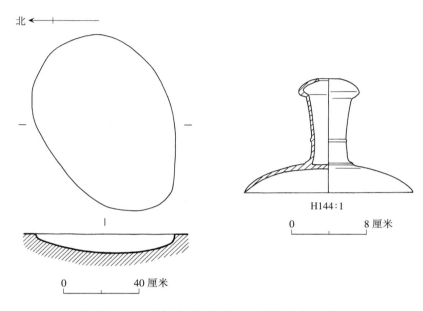

图 f1-0-36　马桥文化 H144 平剖图及出土器物

H144∶1，Cb 型器盖。泥质灰胎黑衣陶。盖径 18、高 12.4 厘米。（彩版九一∶3）

H145

位于 T0804 的北部，北半部往北伸出发掘区外，未清理。开口被宋代扰沟破坏，打破生土层。坑口残径 0.9～1.9 米，深 0.7 米。坑壁斜弧，底略圜。坑内堆积为深灰褐色土，包含少量陶片。

H162

位于 T0703 的东南部，南半部伸出发掘区外，未清理。开口于第 2A 层下，打破第 4A、6C、12 和 13 层。坑口残径 1.4～2.2、深 0.48 米。坑壁斜直，底近平。坑内堆积为深灰褐色土，包含物主要为陶片，器形有鼎（鬲）、罐、器盖等。（图 f1-0-37）

H162∶1，Ⅰ型泥质罐。原始瓷，泥质青灰胎，淡绿色釉。外底有一刻划陶文。（彩版七九∶2）

H162∶2，鼎或鬲口沿。夹砂红陶。平折沿。沿面可见旋纹并有一刻划陶文。（彩版五〇∶2）

H162∶3，B 型器盖。泥质黄胎黑衣陶，黑衣脱落殆尽。

H166

位于 T0503 的东北部，灰坑往北、往东伸出发掘区外，未清理。开口于第 2B 层下，打破第 8、13 和生土层。坑口残径 0.85～1.5、深 0.63 米。坑壁斜弧，底近圜。坑内堆积为灰褐色土，包含物有少量陶片和石锛等。（图 f1-0-38）

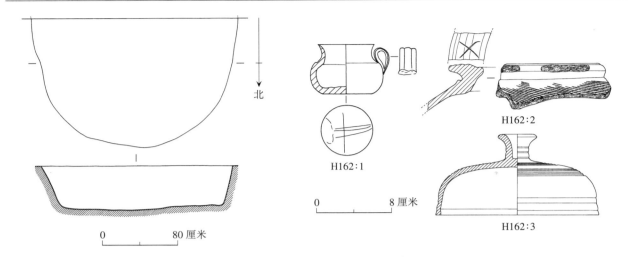

图 f1-0-37　马桥文化 H162 平剖图及出土器物

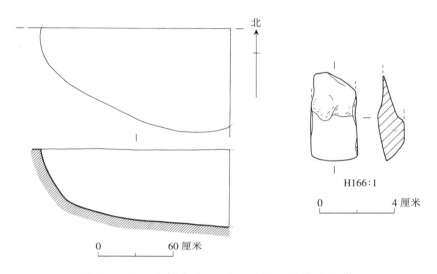

图 f1-0-38　马桥文化 H166 平剖图及出土器物

H166：1，Bb 型石锛。浅灰白色硅质泥岩。残。单面刃。残长 4.8 厘米。

H169

位于 T0603 的东南部，灰坑往南伸出发掘区外，往东伸入探方隔梁中，未清理。开口于第 2B 层下，打破第 6C、12、13 和生土层。坑口残径 1.1～2.3、深 1 米。坑壁斜弧，底近平。坑内堆积为灰褐色土，包含有少量陶片。

H171

位于 T0703 的中东部。开口于第 2A 层下，打破第 4A、6C、12 和 13 层。坑口直径 0.61～1.15、深 0.56 米。坑壁斜弧，底略圜。坑内堆积为深灰褐色土，包含物有少量陶片，器形有簋形器等。（图 f1-0-39）

H171：1，Aa 型簋形器。泥质灰胎黑衣陶。（彩版八一：2）

H172

位于 T0503 的北部，北侧大部往北伸出发掘区外，未清理。开口于第 2B 层下，打破第 8、

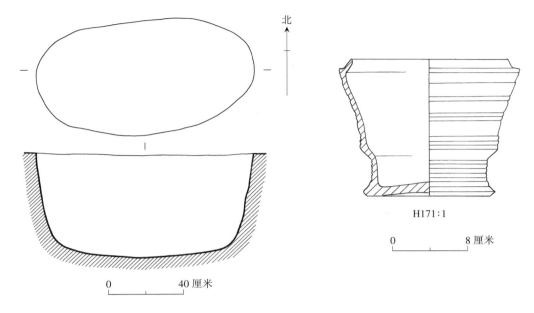

图 f1-0-39　马桥文化 H171 平剖图及出土器物

13 和生土层。坑口残径 0.5~2.35、深 0.63 米。坑壁斜弧，圜底。坑内堆积为灰褐色土，包含有少量陶片。

H173

位于 T1101 的北隔梁西部。开口于第 2A 层下，打破第 4B、6C 和 7B 层。坑口直径 0.85~1.05、深 0.44 米。坑壁斜弧，底略平。坑内堆积为深灰褐色土，包含有少量陶片，器形有盆等。（图 f1-0-40）

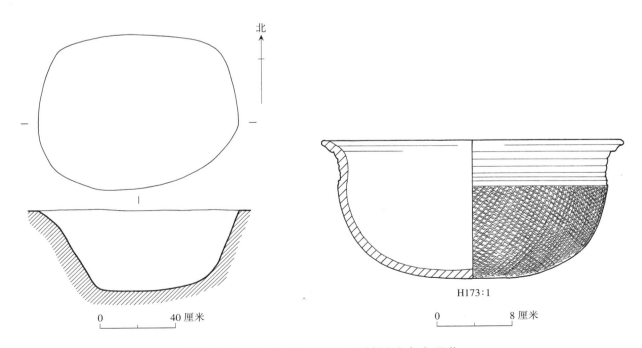

图 f1-0-40　马桥文化 H173 平剖图及出土器物

H173：1，Aa Ⅱ 式盆。泥质灰陶。（彩版六七：3）

H177

详见第五章遗迹介绍。

H179

位于 T02 的中部。开口于第 4A 层下，打破第 4B、6C 层，又被 H179 打破。坑口直径 1～1.26、深 0.3 米。坑壁斜直，底略圜。坑内堆积为深灰褐色土，包含物有陶片和石器，器形有陶鼎、罐、盆、豆、钵、三足盘和石刀等。（图 f1-0-41A、B）

H179：1，B 型石刀。灰黑色粉砂质泥岩。残存一半。

H179：2，F 型盆。泥质灰黄陶。（彩版七〇：1）

H179：3，Ba Ⅰ 式鼎腹片。粗泥红陶。凹弧足下部残。腹部饰斜向绳纹。

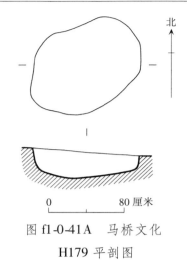

北

图 f1-0-41A　马桥文化
H179 平剖图

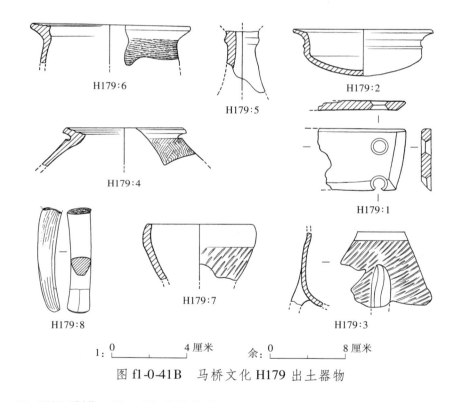

图 f1-0-41B　马桥文化 H179 出土器物

H179：4，Cb 型泥质罐口沿。泥质橘黄陶。

H179：5，H 型豆柄。泥质灰陶。细高柄上端一周凸棱纹。

H179：6，Aa 型鼎口沿。夹砂红陶。沿面有旋纹，腹部饰横向绳纹。口径 17 厘米。

H179：7，B 型钵口沿。粗泥红陶。腹部饰篮纹。

H179：8，A 型三足盘足。泥质灰色硬陶。截面近圆角梯形。

H181

位于 T03 的南部，南半部伸入 T06 的北隔梁中，未清理。开口于第 4A 层下，打破第 4B、6B、6C、8 和 12 层。坑口残径 1～1.2、深 0.58 米。坑壁斜弧，底略圜。坑内堆积为深灰褐色土，包含少量陶片，器形有豆等。

H183

位于 T03 的南部，南半部伸入 T06 的北隔梁中，未清
理。开口于第 4A 层下，打破第 4B、6B、12 和 13 层。坑口
残径 0.7、深 0.8 米。坑壁斜直，底平。坑内堆积为深灰褐
色土，包含少量陶片，器形有豆等。（图 f1-0-42）

H183：1，Da 型豆盘。泥质橘红陶。

H184

位于 T03 的东部，东半部伸入探方东隔梁中，未清理。
开口于第 4A 层下，打破第 6C、7A 和 7B 层，又被 H174 和
H176 打破。坑口残径 1.16 ~ 1.28、深 0.3 米。坑壁斜弧，
底近平。坑内堆积为深灰褐色土，包含少量陶片。

H185

位于 T03 的东南部，南半部伸入 T06 的北隔梁中，未清
理。开口于第 2A 层下，打破第 4A 和 6B 层。坑口残径 0.6 ~
1.4、深 0.2 米。坑壁斜弧，底平。坑内堆积为深灰褐色土，包
含少量陶片。

H187

位于 T04 的西北部。开口于第 4A 层下，打破第 6C、7A 和 7B 层。坑口直径 1.08 ~ 2.66、
深 0.28 米。坑壁斜弧，底近平。坑内堆积为灰褐色土，包含物有陶片和石器，器形有陶鼎、
豆、盆、器盖和石镰、砺石等。（图 f1-0-43A、B）

H187：1，A 型砺石。灰色杂砂岩。残。
（彩版一〇七：5）

H187：2，石镰。残。灰黑色泥质粉砂
岩。（彩版一〇三：3）

H187：3，圆锥足。泥质灰陶。三足盘的足。

H187：4，Bb I 式鼎口沿。夹砂红陶。

H187：5，Bc 型鼎口沿。夹砂红陶。

H187：6，L 型盆口沿。泥质灰陶。

H187：7，Aa 型盆口沿。泥质灰陶。侈
口，颈部显领有凸棱。腹部饰斜方格纹。口
径 30 厘米。

H187：8，凹弧足。夹砂红陶。足下端
两侧内卷。

H187：9，Da I 式豆盘。泥质红陶。

H187：10，Ad 型器盖。夹砂灰黑陶。

H187：11，Aa 型器盖纽。夹砂灰黑陶。纽径 7.4 厘米。

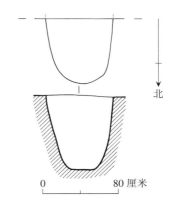

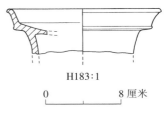

H183：1

0　　　　　　8 厘米

图 f1-0-42　马桥文化 H183 平
剖图及出土器物

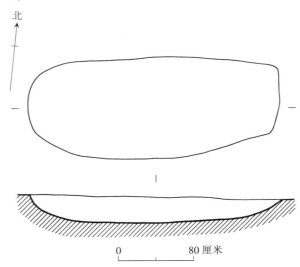

0　　　　　　80 厘米

图 f1-0-43A　马桥文化 H187 平剖图

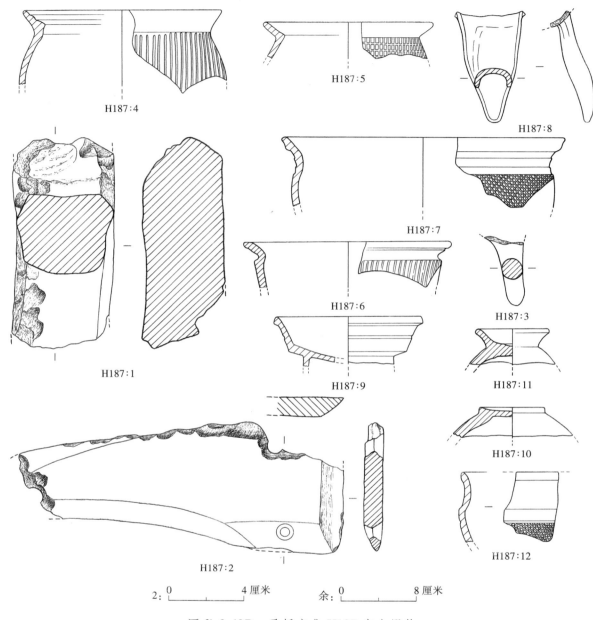

H187:4

H187:5

H187:8

H187:1

H187:7

H187:6

H187:3

H187:9

H187:11

H187:10

H187:2

H187:12

2:　0　　　　　　4 厘米　　　　余:　0　　　　　　8 厘米

图 f1-0-43B　　马桥文化 H187 出土器物

H187:12，Aa 型盆口沿。泥质灰黄陶。侈口，颈部显领。腹部饰方格纹。

H189

位于 T07 的中南部。开口于第 2A 层下，打破第 3 和 7B 层。坑口直径 1.3～1.56、深 0.2 米。坑壁斜弧，圜底。坑内堆积为灰黑色土，土质疏松，包含少量陶片。

H190

位于 T07 的东北部，灰坑北半部伸入探方北隔梁中，未清理。开口于第 4A 层下，打破第 7B 层和 H206。坑口残径 0.92～2.62、深 0.31 米。坑壁斜弧，底不平。坑内堆积为深灰褐色土，包含少量陶片，器形有鼎等。（图 f1-0-44）

H190:1，Aa 型鼎口沿。夹砂灰陶。平折沿。腹部饰横向绳纹。口径 20 厘米。

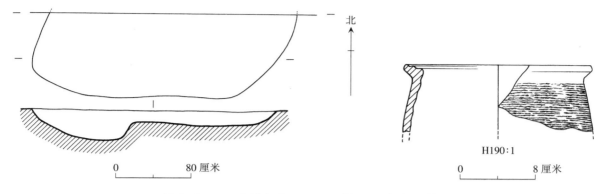

图 f1-0-44　马桥文化 H190 平剖图及出土器物

H191

位于 T07 的北部，灰坑北半部伸入探方北隔梁中，未清理。开口于第 2A 层下，打破第 7B、8 和 12 层。坑口残径 0.56～1.08、深 0.38 米。坑壁斜弧，底略圜。坑内堆积为深灰褐色土，包含少量陶片。

H205

详见第五章遗迹介绍。

H207

位于 T01 的东部，灰坑东半部伸入探方东隔梁中，未清理。开口于第 1 层下，打破第 4A、6C 和 7B 层。坑口残径 1.16～1.28、深 0.38 米。坑壁斜弧，圜底。坑内堆积为深灰褐色土，包含物有陶片和石器，器形有陶罐、豆和石镞等。（图 f1-0-45A、B）

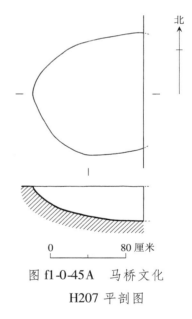

图 f1-0-45A　马桥文化 H207 平剖图

H207：1，G 型豆盘。泥质紫褐胎灰褐陶。

H207：2，C 型夹砂罐口沿。夹砂黑陶。折沿，束颈。沿面有旋纹，腹部饰横向绳纹。口径 21.6 厘米。

H207：3，Ba 型石镞。紫红色泥岩。两端残。

H207：4，Eb 型泥质罐残片。泥质灰褐陶。腹部饰席纹。

H207：5，Ab 型豆柄。泥质灰陶。柄中部饰压印的菱形云雷纹。

H207：6，Cb 型泥质罐口沿。泥质橘黄陶。折沿，束颈。沿面有旋纹，腹部饰曲折纹。

H207：7，Db 型泥制罐口沿。泥质橘黄陶。折沿。沿面有旋纹。口径 17.6 厘米。

H207：8，E 型泥质罐口沿。泥质紫褐胎灰褐陶。侈口，方唇，颈部显领。沿面有多道旋纹，颈肩相接处内凹。口径 18 厘米。

H208

位于 T07 的东部，灰坑东部被 H206 打破。开口于第 3 层下，打破第 7B、12 和生土层。坑口残径 1.34～1.7、深 0.84 米。坑壁斜直，底略圜。坑内堆积为深灰褐色土，夹杂有草

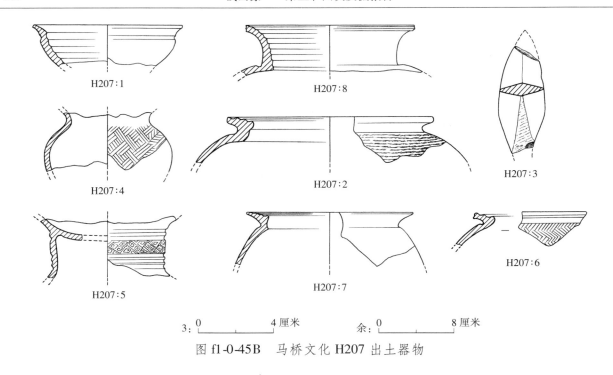

3：|0————4厘米　　余：|0————8厘米

图 f1-0-45B　马桥文化 H207 出土器物

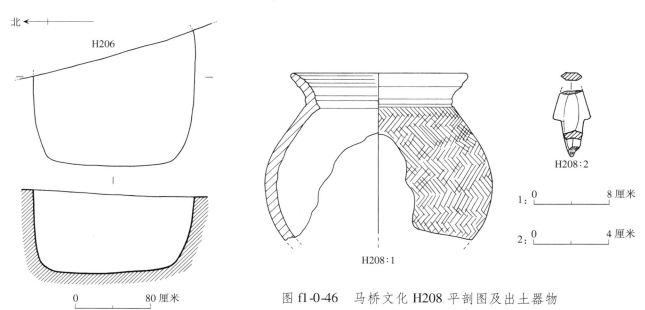

图 f1-0-46　马桥文化 H208 平剖图及出土器物

木灰，包含物有陶片和石器，器形有陶罐、石镞等。（图 f1-0-46）

H208：1，Ac 型泥质罐。泥质橘黄陶。底残。

H208：2，Bc 型石镞。黑色硅质泥质岩。两端残。残长 3.7 厘米。

H211

位于 T01 的西南部，南端伸出发掘区外。灰坑上部被晚期扰坑破坏，打破生土层。坑口残径 1.3～1.74、深 0.46 米。坑壁斜弧，底近平。坑内堆积为灰黑土，包含少量陶片，器形有盆、罐等。（图 f1-0-47）

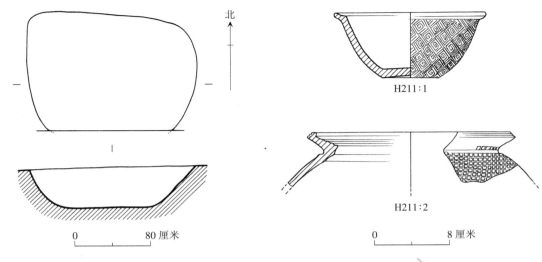

图 f1-0-47　马桥文化 H211 平剖图及出土器物

H211∶1，B 型盆。泥质灰陶。（彩版六八∶6）

H211∶2，Db 型泥质罐口沿。泥质橘黄陶。

H212

位于 T01 的东部。开口于第 4A 层下，打破第 6C、7B 层和 H215。坑口直径 1.14～1.42、深 0.38 米。坑壁斜弧，圜底。坑内堆积为深灰褐色土，包含有少量陶片，器形有罐、盆、器盖等。（图 f1-0-48）

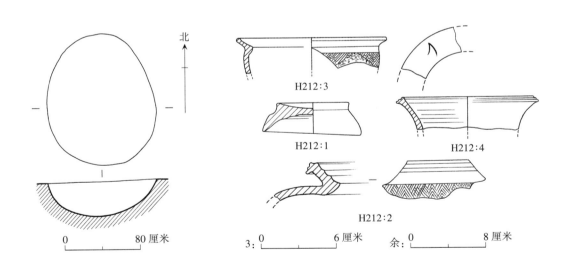

图 f1-0-48　马桥文化 H212 平剖图及出土器物

H212∶1，Ad 型器盖。夹砂灰陶。

H212∶2，Db 型泥质罐口沿。泥质红褐陶。折沿，束颈。腹部饰曲折纹。

H212∶3，B 型盆口沿。泥质紫褐胎灰色硬陶。

H212∶4，E 型泥质罐口沿。泥质黑陶。高领，领部内壁一刻划陶文。（彩版五〇∶1）

H214

位于 T01 的往西扩方处。开口于第 2A 层下，打破第 7B 层，西侧坑口被晚期扰乱。坑口直径 1.1～1.25、深 0.38 米。坑壁斜弧，底近平。坑内堆积为深灰褐色土，包含少量陶片，器形有罐、三足盘等。（图 f1-0-49）

H214：1，Db 型夹砂罐。夹砂灰陶。（彩版八〇：4）

H214：2，AⅡ式三足盘。泥质灰褐陶。足残。

三　ⅠC 型灰坑

4 个。

H16

详见第五章遗迹介绍。

H21

位于 T1101 中部。开口于第 2A 层下，打破第 4A 和 6C 层。坑口边长 0.62～0.68、深 0.26 米。坑壁斜直，底平。坑内堆积为深灰褐色土，包含有少量陶片和石镰等。（图 f1-0-50）

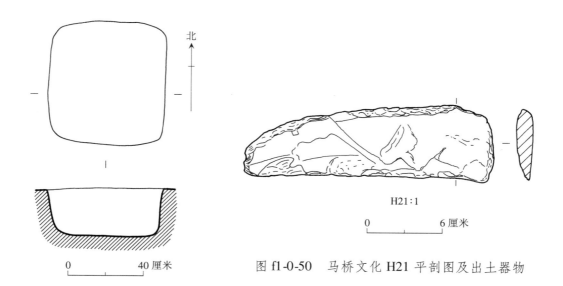

图 f1-0-49　马桥文化 H214 平剖图及出土器物

图 f1-0-50　马桥文化 H21 平剖图及出土器物

H21：1，石镰半成品。灰黑色泥质粉砂岩。打制。（彩版一〇九：2）

H115

位于 T0903 西北部。开口于第 2A 层下，打破 6A 层和 F3 墙槽。坑口边长 2.2～2.7、深 0.06 米。坑壁斜弧，平底。坑内堆积为深褐色土，夹杂较多的红烧土颗粒，包含有少量陶片。

H178

位于 T03 西部。开口于第 2A 层下，打破第 4A、4B、6C 和 7B 层和 H202，灰坑东部被一马桥文化柱洞（坑）打破。坑口边长 0.9～1.1、深 0.65 米。坑内堆积为深灰褐色土，包含有少量陶片。

四　ⅠD 型灰坑

8 个。

H5

位于 T1101 北部，北端伸入探方北隔梁中。开口于第 2A 层下，打破第 4B 和 6C 层。坑口残长 1.15、宽 0.9、深 0.23 米。坑壁斜弧，坑底由南往北倾斜。坑内堆积为深灰褐色土，包含有少量陶片。

H23

位于 T1001 东部。开口于第 2A 层下，打破第 4B 层。H23 打破 H34、H46 和 J8。坑口长 4.4、宽 2.1～2.22、深 0.22 米。坑壁斜，底略平。坑内堆积为深灰褐色土。包含物主要为陶片，器形有钵等。（图 f1-0-51）

H23：1，A 型钵。泥质灰陶。敛口，斜弧腹，平底。口径 16.4、底径 7.6、高 6.6 厘米。此件器物存疑。

H41

详见第五章遗迹介绍。

H59

位于 T0902 的西南部。开口于第 2A 层下，打破第 4A、7B、8、12、13 和生土层。坑口长 1.2、宽约 0.85、深 1.23 米。坑壁斜，底近平。坑内堆积为灰黑土，质地松而黏，包含有少量陶片。

H82

位于 T0802 西北部。开口于第 2A 层下，打破第 4A 层和 H109。坑口长 1.15、宽 0.79～1.05、深 0.19 米。斜壁，平底。坑内堆积为灰褐色土。包含有少量陶片。

H84

位于 T1002 的西北部。开口于第 2A 层下，打破第 7B、10～13 层。坑口长 1.16、宽 0.35、深 0.39 米。斜壁，底近平。坑内堆积为深灰褐色土，包含有少量陶片。

H85

位于 T1002 的西北部。开口于第 2A 层下，打破第 7B、10～13 层。坑口长 1.45、宽 0.35～0.5、深 0.43 米。斜壁，圜底。坑内堆积为深灰褐色土，包含有少量陶片。

H130

位于 T1102 的中部。开口于第 2A 层下，打破第 4B 层，坑上部及南部分别被 H48 和 H2

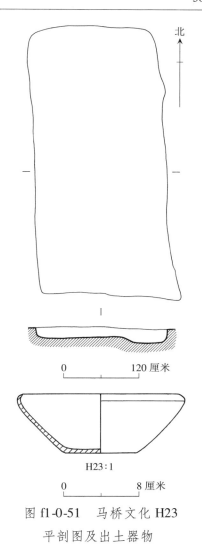

图 f1-0-51　马桥文化 H23
平剖图及出土器物

打破。坑口长 2.55、宽 0.81~0.9、深 0.13~0.25 米。坑壁斜弧，底近平。坑内堆积为灰褐色土，包含物有陶片和石器，器形有陶罐和石锛等。（图 fl-0-52）

H130∶1，Bd 型石锛。灰黄色石质。

H130∶2，Db 型泥质罐口沿。泥质橘红陶。沿面有一刻划陶文，腹部的叶脉纹模糊。口径 21 厘米（彩版四九∶4）。

H130∶3，E 型泥质罐口沿。泥质灰色硬陶。

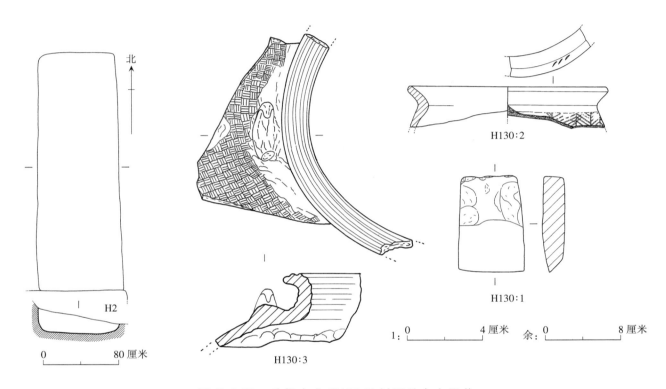

图 fl-0-52   马桥文化 H130 平剖图及出土器物

五   I E 型灰坑

14 个。

H22

位于 T1101 的中部。开口于第 2A 层下，打破第 4B 层。坑口长 1.82、宽 0.43~0.6、深 0.21 米。斜壁，底近平。坑内堆积为深灰褐色土，包含物有少量陶片和石镞等。（图 fl-0-53）

H22∶1，Bb 型石镞。灰黑色泥岩。前锋残。

H25

位于 T1101 的东北部，东侧伸入发掘区外。开口于第 2A 层下，打破第 4B 层和 H41。坑口残长 1.34、宽 0.6~0.7、深 0.09 米。斜弧壁，坑底略由东向西倾斜。坑内堆积为深灰褐色土，包含有少量陶片。

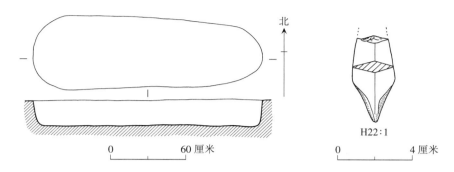

图 f1-0-53　马桥文化 H22 平剖图及出土器物

H29

位于 T1102 的西部，西半部伸入探方西隔梁中。开口于第 2A 层下，打破第 4B、7B 和 8 层。坑口残长 1.3、宽 0.55～0.65、深 0.35 米。斜弧壁，圜底。坑内堆积为深灰褐色土，包含有少量陶片。

H35

详见第五章遗迹介绍。

H36

位于 T1101 的东部，东半部伸入东隔梁中，未清理。开口于第 2A 层下，打破第 4B、6C 层和 H41。坑口残长 1.89、宽 1.16～1.38、最深 0.24 米。坑壁斜弧，坑底不平。坑内堆积为深灰褐色土，包含有少量陶片。

H38

位于 T1002 的东部，东半部伸入探方东隔梁中，未清理。开口于第 2A 层下，打破第 7B 和 8 层。坑口残长 2.05、最宽 1.3、深 0.39 米。坑壁斜弧，坑底由西往东倾斜。坑内堆积为深灰褐色土，包含有少量陶片，器形有鼎、罐等。（图 f1-0-54）

H38：1，Cb 型泥质罐口沿。泥质红褐陶。折沿。沿面有一刻划陶文。

H38：2，凹弧足。夹砂红褐陶。

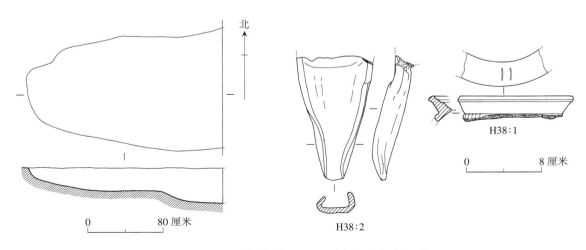

图 f1-0-54　马桥文化 H38 平剖图及出土器物

H42

位于 T1101 的中北部。开口于第 2A 层下，打破第 4B 层。坑口长 0.99、宽 0.25～0.28、深 0.16 米。坑壁斜，底近平。坑内堆积为深灰褐色土，包含有少量陶片。

H60

位于 T0901 的中部。开口于第 2A 层下，打破第 4A 层。坑口长 0.99、宽约 0.28、深 0.15 米。斜壁，底近平。坑内堆积为深灰褐色土，包含有少量陶片。

H61

位于 T0901 的中部。开口于第 2A 层下，打破第 4A 层。坑口长 1.83、宽 0.25～0.43、深 0.12 米。坑壁斜，底近平。坑内堆积为深灰褐色土，包含有少量陶片。

H86

位于 T1002 的北部。开口于第 2A 层下，打破第 4B 和 7B 层。坑口长 1.95、宽 0.2～0.47、深 0.24 米。斜壁，底近平。坑内堆积为深灰褐色土，包含有少量陶片。

H156

位于 T0801 的南部。开口于第 2A 层下，打破第 4B 和 7B 层。坑口长 1.3、宽 0.29～0.35、深约 0.28 米。坑内堆积为深灰褐色土，包含有少量陶片，器形有罐等。（图 f1-0-55）

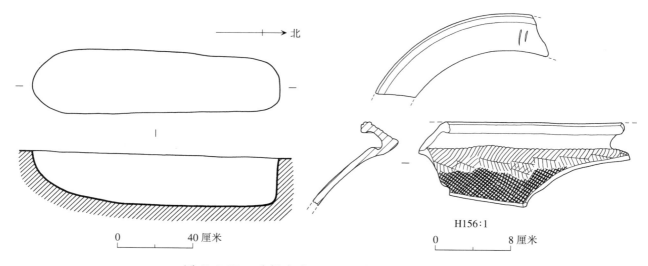

图 f1-0-55　马桥文化 H156 平剖图及出土器物

H156:1，Db 型罐口沿。泥质灰色硬陶。折沿，束颈。沿面有一刻划陶文，肩腹部饰方格纹。

H198

位于 T06 中北部，灰坑北端伸入北隔梁中，未清理。开口于第 4A 层下，打破第 6B、8、12、13 层和 H199，灰坑西侧略被一晚期扰坑打破。坑口残长 2.9、宽 0.96～1.42、深 0.82 米。斜壁，平底。坑内堆积为深灰褐色土，包含物有陶片和石器，器形有陶鼎、罐、盆、豆、篮形器、拍和石刀、锛等。（图 f1-0-56）

H198:1，Aa 型石刀。灰黑色泥质粉砂岩。残。

H198:2，Bc 型石锛。灰色板岩。刃部一角残。（彩版九八：5）

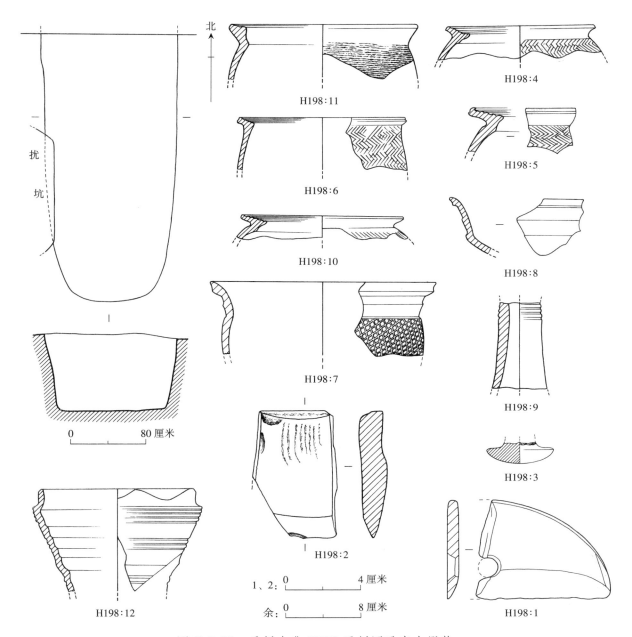

图 f1-0-56　马桥文化 H198 平剖图及出土器物

H198：3，陶拍。泥质红陶。蘑菇状，柄残。残高 2.3 厘米。

H198：4，Cb 型泥质罐口沿。泥质橘红陶。折沿，沿面略内凹，束颈。沿面有旋纹，腹部拍印曲折纹。口径 15.4 厘米。

H198：5，Db 型泥质罐口沿。泥质橘黄陶。腹部饰曲折纹。

H198：6，Cd 型泥质罐口沿。泥质红褐色硬陶。

H198：7，Aa Ⅰ 式盆口沿。泥质黑陶。侈口，翻贴缘，束颈。腹部饰斜方格纹。口径 24 厘米。

H198：8，Aa Ⅱ 式豆盘。泥质灰陶。敞口。腹部有二周凸棱。

H198：9，豆柄。泥质黑陶。柄中部饰组合凹弦纹。疑为钱山漾二期文化遗存遗留物。

H198：10，Cb 型泥质罐口沿。泥质橘红陶。折沿，束颈。沿面有旋纹，腹部纹饰不清。口径 17 厘米。

H198：11，Aa 型鼎口沿。夹砂红陶。沿面有旋纹，腹部饰横向绳纹。口径 20 厘米。

H198：12，Aa 型簋形器。夹砂灰陶。底残。

H202

位于 T03 的北部。开口于第 4A 层下，打破第 4B、6C 层和 G3，又被 H178 和一马桥文化柱洞打破。坑口长 2.37、宽约 1.3、深 0.32 米。坑壁斜，底平。坑内堆积为深灰褐色土，包含物主要为陶片，器形有鼎、罐、盆、豆、壶等。（图 f1-0-57A、B）

H202：1，Dd 型泥质罐。泥质橘黄陶。沿面有一刻划陶文。（彩版七六：5）

H202：2，A 型壶口沿。泥质灰陶，略泛青。侈口。腹部饰条纹。

H202：3，Aa 型鼎口沿。夹砂灰陶。平折沿，束颈。沿面多道旋纹，腹部饰横向绳纹。口

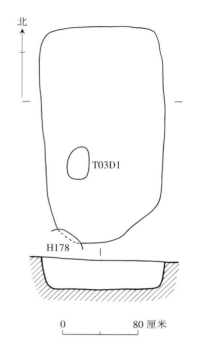

图 f1-0-57A　马桥文化 H202 平剖图

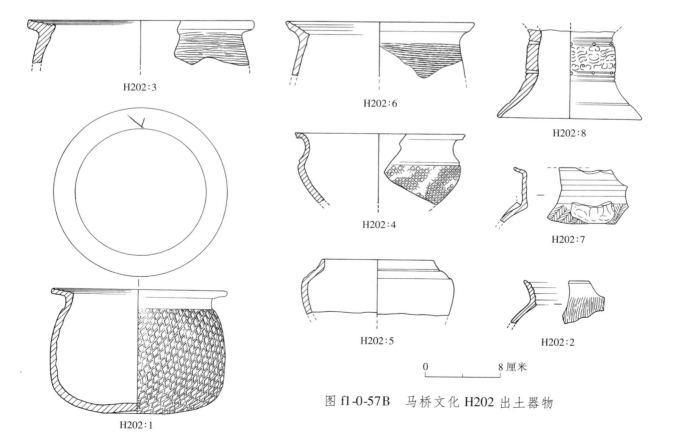

H202：3

H202：6

H202：8

H202：4

H202：7

H202：5

H202：2

H202：1

图 f1-0-57B　马桥文化 H202 出土器物

径 24 厘米。

H202：4，Ab Ⅰ 式盆口沿。泥质灰陶。

H202：5，G Ⅰ 式泥质罐口沿。泥质橘黄陶。

H202：6，Ba 型鼎口沿。夹砂红陶。折沿。腹部饰斜向绳纹。口径 20 厘米。

H202：7，E 型泥质罐口沿。泥质灰色硬陶。侈口，直领。领部有二周凸棱，腹部饰叶脉纹。

H202：8，Ab 型豆柄。泥质黑陶。

H210

位于 T01 的西北部。开口于第 1 层下，打破第 6C 和 7B 层。坑口长 1.9、宽约 0.74、深 0.34 米。坑壁斜弧，底高低不平。坑内堆积为深灰褐色土，包含物主要为陶片，器形有鼎、豆、罐、盆等。（图 f1-0-58A、B）

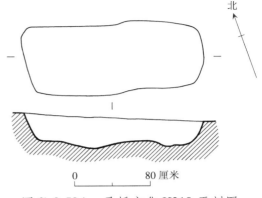

图 f1-0-58A　马桥文化 H210 平剖图

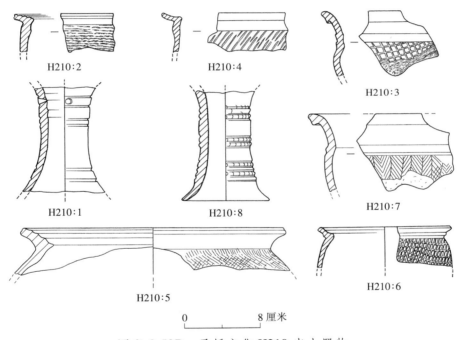

图 f1-0-58B　马桥文化 H210 出土器物

H210：1，Aa 型豆柄。泥质红陶。质地少见。细柄上端有 3 个镂孔，中部饰有凹弦纹。

H210：2，Aa 型鼎口沿。夹砂灰陶。平折沿。束颈。沿面有多道旋纹，腹部饰横向绳纹。

H210：3，Aa 型盆口沿。泥质灰陶。侈口，微束颈。腹部饰方格纹。

H210：4，Ba 型鼎口沿。夹砂红陶。折沿。腹部可见依稀的篮纹。

H210：5，Db 型泥质罐口沿。泥质灰色硬陶。折沿，束颈。沿面有多道旋纹，腹部饰曲折纹。口径 27.4 厘米。

H210：6，Dc 型泥质罐口沿。泥质紫褐色硬陶。折沿，束颈。沿面略内凹。腹部饰方格纹。口径 13.6 厘米。

H210：7，Aa II 式盆口沿。泥质灰陶。腹部饰竖向叶脉纹，比较少见。

H210：8，Aa 型豆柄。泥质灰黄陶。

六　I F 型灰坑

34 个。

H3

位于 T1101 的中西部。开口于第 2A 层下，打破第 4B 层。坑口最长 1.19、最宽 0.7、深 0.2 米。斜弧壁，浅圜底。坑内堆积为深灰褐色土，包含有部分陶片，器形有觯等。（图 f1-0-59）

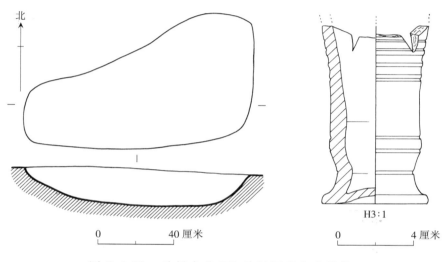

图 f1-0-59　马桥文化 H3 平剖图及出土器物

H3：1，Ab 型觯。泥质黑陶。上部残。平底内凹。

H8

位于 T1001 的西北部。开口于第 2A 层下，打破第 4B 层和 H94、F1 等遗迹。形制较大，坑口最宽 4、深 0.36 米。坑壁斜弧，坑底略由西往东倾斜。坑内堆积为深灰褐色土，包含物主要为陶片和石器，器形有陶鼎、甗、罐、钵、器盖、纺轮和石镞、刀等。（图 f1-0-60A、B）

H8：1，B 型器盖。泥质灰陶。（彩版九〇：5）

H8：2，B 型甗的腹部残片。夹砂红陶。

H8：3，A 型纺轮。泥质灰陶。

H8：4，A 型钵。泥质灰陶。（彩版八七：3）

H8：5，器盖残片。夹砂红褐陶。

H8：6，Ab 型石镞。浅灰色硅质泥岩。残。

H8：7，Db 型泥质罐口沿。泥质橘红陶。折沿，沿面一刻划陶文。（彩版五四：2）

H8：8，Cb 型泥质罐口沿。泥质灰褐色硬陶。沿面一

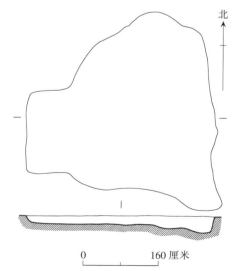

图 f1-0-60A　马桥文化 H8 平剖图

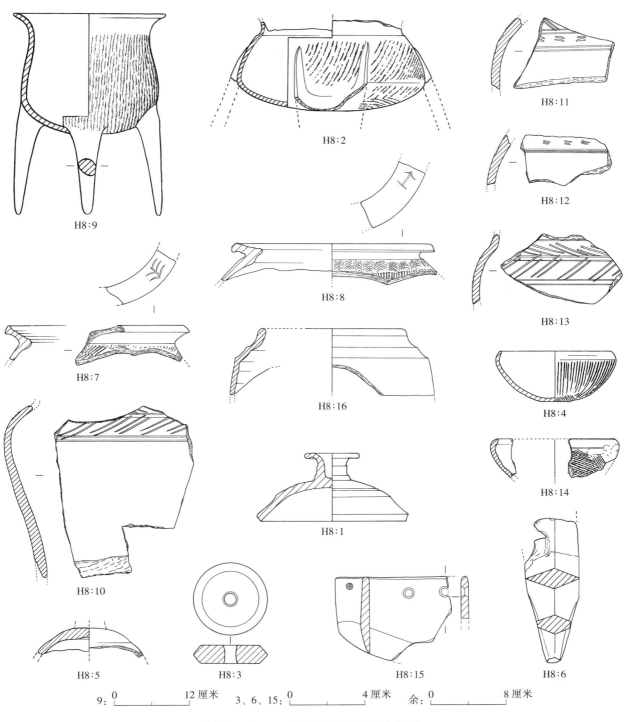

图 f1-0-60B　马桥文化 H8 出土器物

刻划陶文。口径 18.4 厘米。（彩版五二：3）

　　H8：9，Ca 型鼎。夹砂红陶。（彩版六〇：2）

　　H8：10，夹砂罐的肩腹部残片。夹砂灰陶。鼓肩，瘦弧腹。肩部饰刻划纹。

　　H8：11，夹砂罐的肩腹部残片。夹砂灰黄陶。肩腹部饰刻划纹。

H8：12，夹砂罐的肩腹部残片。夹砂灰陶。肩部饰刻划纹。

H8：13，夹砂罐的肩腹部残片。夹砂灰陶。肩部饰刻划纹。

H8：10～H8：13，均属于钱山漾二期文化遗存遗留物。

H8：14，A型钵口沿。泥质黑陶。

H8：15，AbⅣ式石刀。灰黑色泥质粉砂岩。残。（彩版一〇一：5）

H8：16，Hc型泥质罐口沿。泥质灰陶。

H15

位于T1101的中部。开口于第2A层下，打破第4B层。坑口最长1.72、深0.16米。坑壁斜弧，底近平。坑内堆积为深灰褐色土，包含有少量陶片。

H26

详见第五章遗迹介绍。

H31

位于T1102的西北部。灰坑北半部伸入北隔梁中，未清理。开口于第2A层下，打破第4B和7B层。坑口残长1.85、深0.15米。坑壁斜弧，底近平。坑内堆积为深灰褐色土，包含少量陶片，器形有鼎、陶拍等。（图f1-0-61）

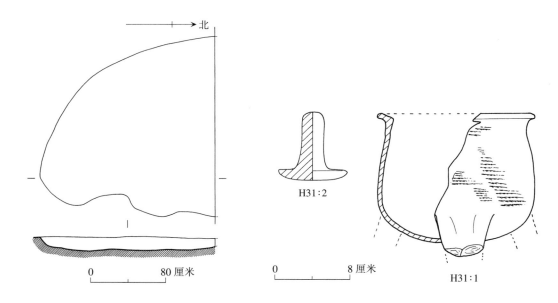

图 f1-0-61　马桥文化 H31 平剖图及出土器物

H31：1，AaⅠ式鼎。夹砂灰黄陶。舌形足下部残。（彩版五五：2）

H31：2，C型陶拍。夹砂橘红陶。（彩版九四：2）

H32

位于T1001的东南部，灰坑东半部伸入探方东隔梁中，未清理。开口于第2A层下，打破第4B层和遗迹J8。坑口残长1.43、深0.14米。坑壁斜弧，底近平。坑内堆积为深灰褐色土，包含有少量陶片。

H33

位于 T1001 的西南部。开口于第 2A 层下，打破第 4A 层和遗迹 H75。坑口最长 1.2、深 0.25 米。坑壁斜，底略圜。坑内堆积为深灰褐色土，包含有少量陶片。

H34

位于 T1001 的东北部。开口于第 2A 层下，打破第 4B 层和遗迹 H136、F2，又被 H23 打破。坑口东西最长 3.72、深 0.26 米。坑壁斜弧，坑底由东往西倾斜。坑内堆积为深灰褐色土，包含物主要为陶片，器形有陶鼎、豆、罐、钵和砺石等。（图 f1-0-62A、B）

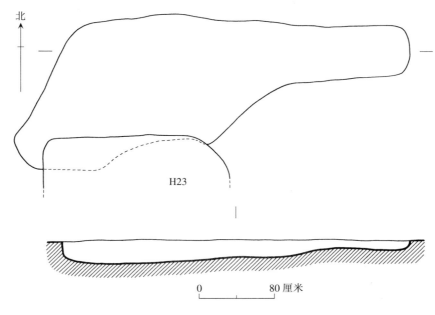

图 f1-0-62A　马桥文化 H34 平剖图

H34：1，De 型泥质罐。泥质橘红陶。（彩版七六：6）

H34：2，Db 型豆柄。泥质灰黄陶。喇叭形细高柄。柄上端饰凹弦纹，柄内壁有密集旋纹。

H34：3，Db 型豆柄。泥质橘黄陶。柄部上下均饰有凹弦纹。

H34：4，De 型泥质罐。泥质橘红陶。

H34：5，Dc 型泥质罐。泥质灰褐色硬陶。（彩版七六：3）

H34：6，B 型砺石。灰色杂砂岩。（彩版一〇七：6）

H34：7，Cb 型鼎。夹砂灰黄陶。（彩版六〇：5）

H34：8，DaⅢ式豆盘。泥质橘红陶。

H34：9，Dc 型泥质罐口沿。泥质灰褐色硬陶。沿面一刻划陶文。（彩版五四：4）

H34：10，Cb 型泥质罐口沿。泥质红褐色硬陶。折沿，束颈。沿面一刻划陶文，颈肩部饰席纹。（彩版五一：3）

H34：11，A 型钵口沿。泥质灰陶。弧敛口。

H34：12，Cb 型泥质罐口沿。泥质橘红陶。沿面一刻划陶文。口径 26.6 厘米。

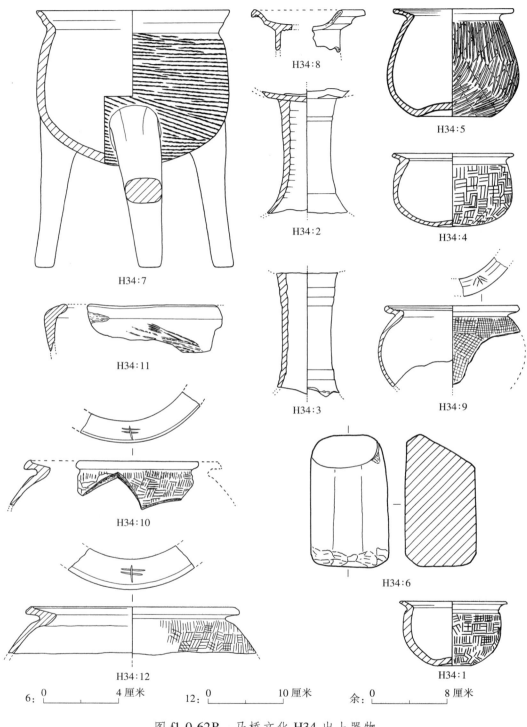

H34:8

H34:5

H34:2

H34:4

H34:7

H34:11

H34:3

H34:9

H34:10

H34:6

H34:12

H34:1

6:　0 ——— 4 厘米　　12:　0 ——— 10 厘米　　余:　0 ——— 8 厘米

图 f1-0-62B　马桥文化 H34 出土器物

H45

位于 T1101 东南部, 灰坑东、南两侧伸出发掘区外, 未清理。开口于第 2A 层下, 打破第 4A、6C 和 7A 层, 灰坑北部被遗迹 G1 打破。坑口残长 2.43、深 0.55 米。坑内堆积为深灰褐色土, 包含物主要为陶片, 器形有鼎、罐等。(图 f1-0-63)

H45：1，Dc 型泥质罐口沿。泥质紫褐胎灰褐陶。折沿。沿面一刻划陶文，腹部拍印有条格纹。（彩版五〇：7）

H45：2，Bb Ⅱ 式鼎口沿。夹砂红褐陶。沿面一刻划陶文，腹部拍印斜向篮纹，又夹杂逆向稀疏的凸条纹。

H48

位于 T1102 的中部。开口于第 2B 层下，打破第 4B、6B、6C、7B、8 和 13 层。形制较大，形状特别。坑口最长 6.16、深 0.66 米。坑壁斜弧，圜底。坑内堆积为深灰褐色土，包含物有陶片和石器，器形有陶三足盘、豆、球形器和石斧等。（图 f1-0-64A、B）

H48：1，A 型石斧。灰色板岩。顶部略残。（彩版九六：3）

H48：2，A Ⅱ 式三足盘。泥质灰陶。（彩版八二：2）

H48：3，残石器。灰色板岩。磨制。器形不明。残长 11.5 厘米。

H48：4，陶球形器。泥质灰黄陶。中部一未透圆孔。直径 2.8～3.5 厘米。

H48：5，A Ⅰ 式三足盘口沿。泥质灰陶。敞口，斜平沿，折腹，浅盘。口径约 20 厘米。

H48：6，残石器。灰黄色板岩。磨制。器形不明。残长 15.4 厘米。

H48：7，豆盘。泥质黄陶。敞口，折腹，浅盘。盘内壁有多周旋纹。口径 17.2 厘米。疑为钱山漾二期文化遗存遗留物。

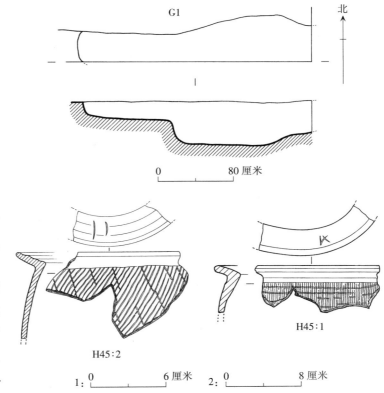

图 f1-0-63　马桥文化 H45 平剖图及出土器物

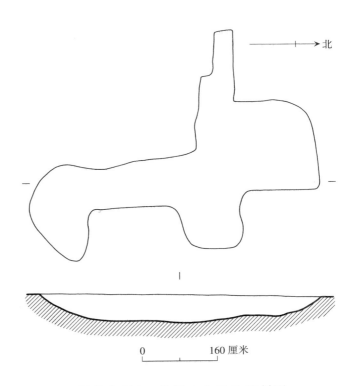

图 f1-0-64A　马桥文化 H48 平剖图

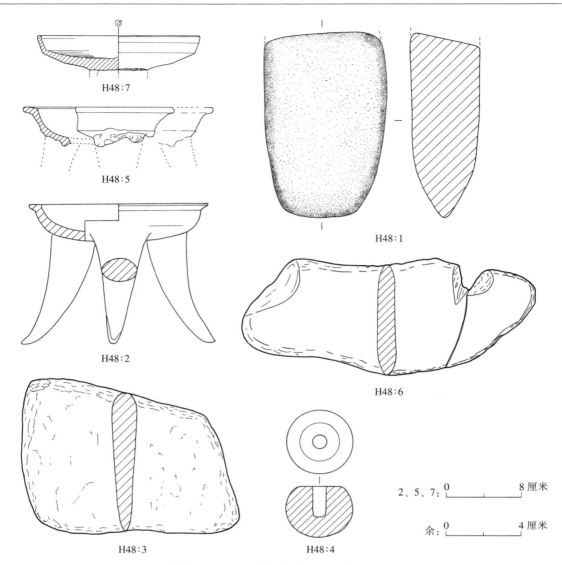

图 f1-0-64B　马桥文化 H48 出土器物

H52

位于 T0802 的东南和 T0902 的西南。开口于第 2A
层下，打破第 7B 和 8 层。坑口最长 1.83、深 0.35 米。
坑壁斜弧，圜底。坑内堆积为深灰褐色土，包含物有陶
片和石器，器形有陶罐、豆、拍和石锛等。（图 f1-0-
65A、B）

H52：1，Ad 型石锛。灰色石质。

H52：2，Aa I 式豆盘。泥质灰陶。敞口，翻贴缘，
折腹。盘腹二周突棱。口径 19 厘米。

H52：3，Ac 型石锛。灰色千枚岩。残。

H52：4，B 型陶拍。夹砂红陶。（彩版九三：1）

H52：5，Cb 型泥质罐口沿。泥质橘红陶。折沿，

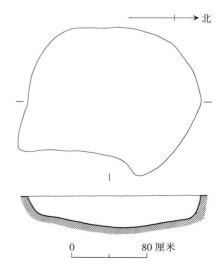

图 f1-0-65A　马桥文化 H52 平剖图

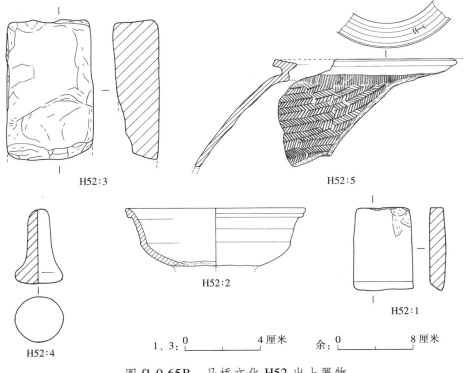

H52:3

H52:5

H52:4

H52:2

H52:1

1、3: 0____4厘米 余: 0____8厘米

图 f1-0-65B 马桥文化 H52 出土器物

束颈。沿面一刻划陶文，肩腹部饰叶脉纹。（彩版五二：6）

H57

位于 T0901 的东南部。开口于第 2A 层下，打破第 4A 层。坑口最长 1.22、深 0.09 米。坑壁斜直，底平。坑内堆积为深灰褐色土，仅包含有少量陶片。

H58

位于 T0901 的南部。开口于第 2A 层下，打破第 4A 和 6C 层。坑口最长 1.61、深 0.3 米。坑壁斜弧，底平。坑内堆积为深灰褐色土，包含物主要为陶片，器形有鼎、罐、盆等。（图 f1-0-66A、B）

H58：1，D 型盆。泥质橘黄陶。（彩版六九：2）

H58：2，鼎口沿。折沿，沿面有一刻划陶文。

H58：3，Db I 式泥质罐口沿。泥质橘红陶。

H63

位于 T0802 的中东部。开口于第 2A 层下，打破第 4A 和 7B 层。坑口最长 1.8、深 0.43 米。坑壁斜弧，浅平圜底。坑内堆积为深灰褐色土，包含

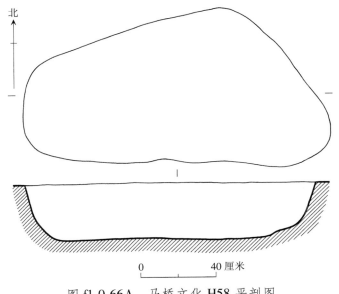

北

0____40厘米

图 f1-0-66A 马桥文化 H58 平剖图

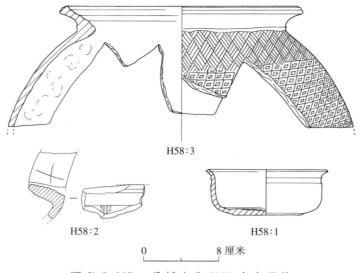

H58：3

H58：2   H58：1

0   8厘米

图 f1-0-66B   马桥文化 H58 出土器物

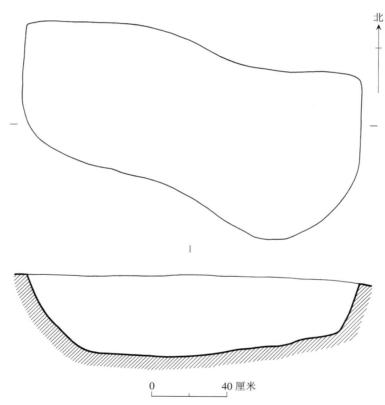

北

0   40厘米

图 f1-0-67A   马桥文化 H63 平剖图

物主要为陶片，器形有鼎、罐、钵、杯、器盖等。（图 f1-0-67A、B）

H63：1，C 型杯。夹砂红陶。（彩版八九：3）

H63：2，Aa 型器盖。夹砂红陶。

H63：3，Ab 型泥质罐。泥质橘红陶。（彩版七二：2）

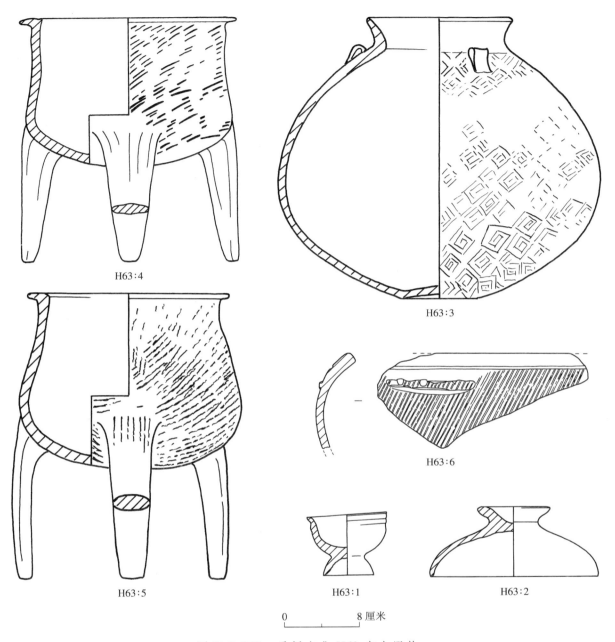

图 f1-0-67B 马桥文化 H63 出土器物

H63：4，AaⅡ式鼎。夹砂红陶。（彩版五五：6）

H63：5，AaⅡ式鼎。夹砂红陶。

H63：6，Ca型钵口沿。泥质灰陶。

H64

　　位于 T1101 的南部，南半部延伸出发掘区外，未清理。开口于第4A层下，打破第6C层。坑口最长2.35、最深0.36米。坑壁斜弧，坑底不平，略圜。坑内堆积为深灰褐色土，包含有少量陶片。

H66

详见第五章遗迹介绍。

H68

位于 T0901 的南部。开口于第 2A 层下，打破 4A 层。坑口最长 0.93、深 0.1 米。坑壁斜弧，底近平。坑内堆积为深灰褐色土，包含有少量陶片。

H69

位于 T1001 的东南部和 T1101 的西南部。开口于第 2A 层下，打破第 4A、6C、7B、8 层和遗迹 G3。坑口最长 3.7、最深 0.6 米。斜壁，坑底高低不平。坑内堆积为深灰褐色土，包含物主要为陶片，器形有觯、豆等。（图 f1-0-68）

H69：1，觯的底部。泥质灰陶。平底内凹。近底腹部鼓突并饰弦纹。底径 7 厘米。

H69：2，Ab 型豆柄。泥质灰黄胎黑陶。喇叭圈足状宽柄。

H77

位于 T0901 的中北部，灰坑北端伸入探方北隔梁中，未清理。开口于第 2A 层下，打破第 4B、6B 和 6C 层。坑口残长 4.3、深 0.35 米。坑壁斜直，底近平。坑内堆积为深灰褐色土，包含物有陶片和石器等，器形有陶罐、豆、器盖和石料等。（图 f1-0-69A、B）

H77：1，Ef 型泥质罐。泥质灰陶。（彩版七八：2）

H77：2，Dc 型泥质罐。泥质紫褐色硬陶。沿面有一刻划陶文。（彩版四九：2，七六：2）

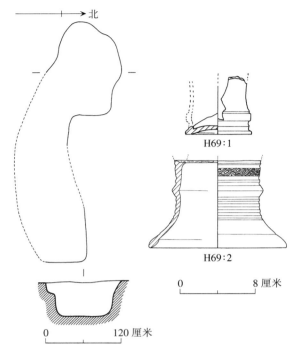

图 f1-0-68　马桥文化 H69 平剖图及出土器物

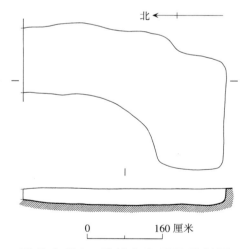

图 f1-0-69A　马桥文化 H77 平剖图

H77：3，石坯料。灰黑色泥质粉砂岩。残。（彩版一〇八：1）

H77：4，豆。泥质黑衣陶。柄下端略残。敛口，斜弧腹。细高柄上端粗壮，有一周突棱并饰弦纹，中部略束，下端外撇，似火炬形。口径 18.6、残高 31.8 厘米。系钱山漾二期文化遗存遗留物。

H77：5，Ha 型豆。泥质灰陶。细高柄下部残。

H77：6，Ac 型器盖。夹砂灰黑陶。残。纽径 4.5 厘米。

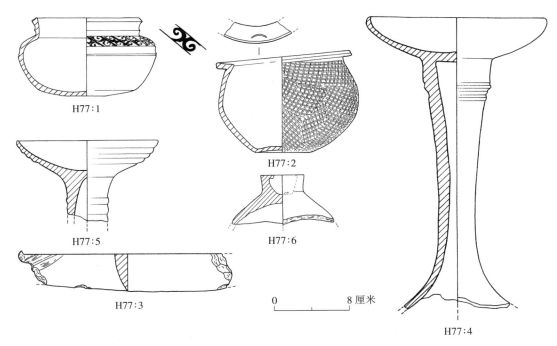

图 f1-0-69B　马桥文化 H77 出土器物

H88

位于 T1002 的北部。开口于第 2A 层下，打破第 4B 和 7B 层，又被遗迹 H24、H87 打破。坑口残长 2.16、深 0.3 米。坑壁斜直，底近平。坑内堆积为深灰褐色土，包含物有陶片和石器，器形有陶鼎、簋形器和砺石等。（图 f1-0-70A、B）

H88：1，A 型砺石。淡紫色砂岩。残。

H88：2，B 型簋形器。泥质灰胎黑衣陶。（彩版八一：4）

H88：3，Ca 型鼎。夹砂橘红陶。圜底和圆锥足残。

H89

详见第五章遗迹介绍。

H95

位于 T1202 的北部，灰坑北端伸入发掘区外，未清理。开口于第 4A 层下，打破第 4B 层。坑口残长约 1.8、深 0.19 米。坑内堆积为深灰褐色土，包含物仅少量陶片。

H99

位于 T0902 的东部和东隔梁中。开口于第 2A 层下，打破第 7B 层。坑口最长 1.76、深 0.15 米。坑壁斜弧，底略圜。坑内堆积为深灰褐色土，包含物仅少量陶片。

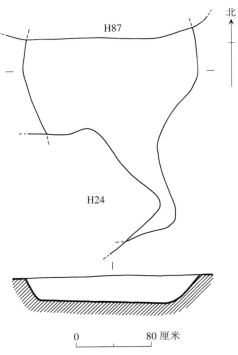

图 f1-0-70A　马桥文化 H88 平剖图

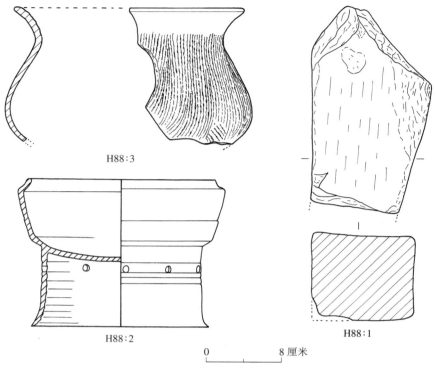

图 f1-0-70B　马桥文化 H88 出土器物

H121

　　位于 T0802 的北部和 T0803 的南部。开口于第 2A 层下，打破第 6A 层和 F3 墙槽，其东北和西南部又分别被 H120、H80 等遗迹打破。坑口东西最长 1.85、南北最宽 1.4、深 0.14 ~ 0.19 米。坑壁斜弧，坑底由西往东倾斜。坑内堆积为深灰褐色土，包含有少量陶片，器形有鼎等。（图 f1-0-71）

　　H121:1，Ca 型鼎。夹砂红陶。口及圆锥足残。腹部和圜底拍印绳纹。

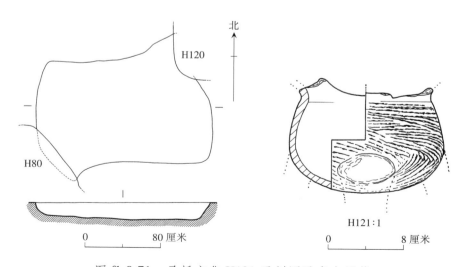

图 f1-0-71　马桥文化 H121 平剖图及出土器物

H123

位于 T0902 西北部和 T0802 东隔梁北部。开口于第 2A 层下，打破第 7B、8、10、12、13、生土层和遗迹 H125 及 F3 南部附属建筑。坑口最长 1.94、深 0.68 米。斜壁，坑底近平。坑内堆积为深灰褐色土，土质略松，包含少量陶片。

H125

位于 T0802 东北部。开口于第 2A 层下，打破第 7B、8 层和 F3 南部附属建筑，其西部、北部和东部又分别被 H80、J3 和 H123 等遗迹打破。坑口最长 2.93、深 0.21 米。北侧坑壁斜弧，南侧陡直，底近平。坑内堆积为黑褐色土，土质略松，包含物有陶片和石器等，器形有陶豆、盆、三足盘、钵、觯、瓿和石刀、镞、戈、砺石等。（图 f1-0-72A、B）

H125：1，C 型三足盘。泥质灰黄陶。（彩版八三：3）

H125：2，石戈。灰黑色泥质硅质岩。残。（彩版一〇七：1）

H125：3，A 型觯。泥质黄胎黑衣陶。（彩版二五：2）

H125：4，B 型砺石。灰红色杂砂岩。多个磨砺面。两端残。（彩版一〇七：7）

H125：5，石刀。灰黑色泥质粉砂岩。残呈不规则长方形。一边起单面刃。高 6.45、厚 0.7 厘米。疑是钱山漾一期文化遗存时期遗物。

H125：6，Ab Ⅲ 式石刀。黑色硅质泥岩。残。

H125：7，B 型钵。泥质红褐色硬陶。（彩版八八：1）

H125：8，G 型石镞。灰黑色粉砂质泥岩。两端略残。（彩版一〇六：6）

H125：9，瓿的底部。泥质灰黄陶。

H125：10，Ab 型豆柄。泥质黑陶。柄部饰压印的云雷纹。

H125：11，刻槽盆口沿。泥质灰陶。

H127

位于 T1003 南部。开口于第 2A 层下，打破第 6A、7B 层和 F3 墙槽，其东部和北部又分别被 H122、H105 和 H126 等遗迹打破。斜壁，底略圜。坑口残长约 1.42、深 0.46 米。坑内堆积为深灰褐色土，包含少量陶片。

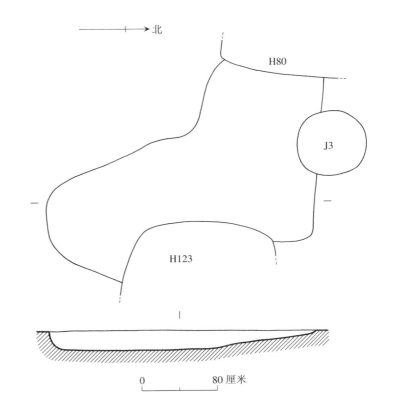

图 f1-0-72A　马桥文化 H125 平剖图

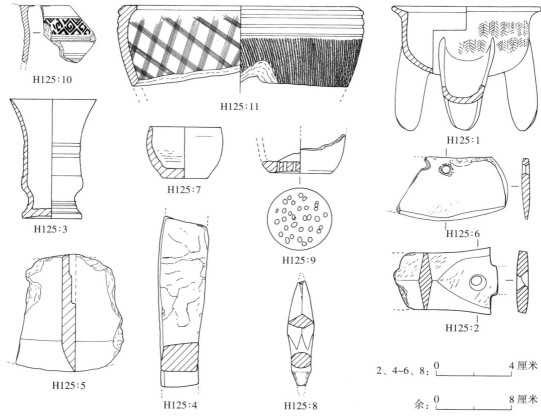

H125:10　　H125:11　　H125:1

H125:3　　H125:7　　H125:9　　H125:6

H125:5　　H125:4　　H125:8　　H125:2

2、4~6、8：　0　　　　4 厘米

余：　0　　　　8 厘米

图 f1-0-72B　马桥文化 H125 出土器物

H129

位于 T0803 中西部。开口于第 2A 层下，打破第 6A 和 7B 层。坑口最长 1.08、深 0.32 米。斜壁，坑底由东往西倾斜。坑内堆积为深灰褐色土，包含有少量陶片。

H149

位于 T0801 东北部。开口于第 4B 层下，打破第 6C 和 7B 层。坑口最长 1.09、深 0.26 米。斜壁，底近平。坑内堆积为深灰褐色土，包含有少量陶片。

H157

位于 T0804 的西北部，西部和北部伸出发掘区外，未清理。坑口上部被宋代沟破坏，打破生土层。残长 3.94、残深 0.92 米。壁斜，底高低不平。坑内堆积为灰黑土，土质松软，包含物有陶片和石器等，器形有陶甗、罐、盆、豆、拍和石斧、锛等。（图 f1-0-73A～C）

H157：1，Ab 型泥质罐。泥质紫褐色硬陶。器形因过烧而变形。（图 f1-0-73C；彩版七二：3）

H157：2，A 型石斧。灰白色—灰色板岩。（图 f1-0-73B；彩版九六：2）

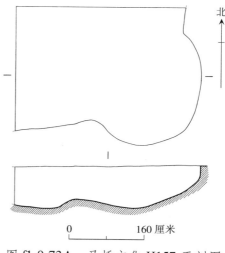

北

0　　　　160 厘米

图 f1-0-73A　马桥文化 H157 平剖图

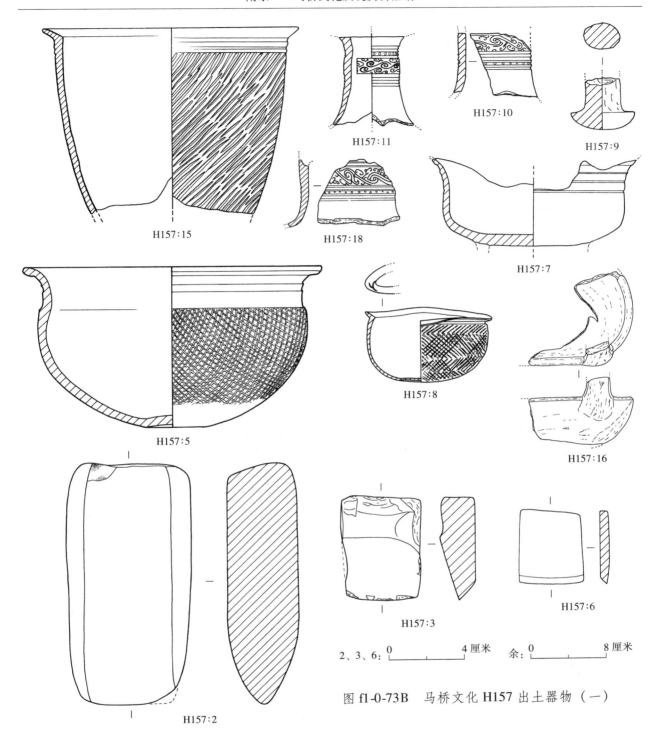

H157:15

H157:11

H157:10

H157:9

H157:18

H157:7

H157:5

H157:8

H157:16

H157:2

H157:3

H157:6

2、3、6： 0   4厘米   余： 0   8厘米

图 f1-0-73B 马桥文化 H157 出土器物（一）

H157：3，Bc 型石锛。浅灰白色泥质硅质岩。（图 f1-0-73B；彩版九八：8）

H157：4，Ab 型泥质罐。泥质红褐色硬陶。（图 f1-0-73C；彩版七二：4）

H157：5，AaⅠ式盆。泥质灰陶。（图 f1-0-73C；彩版六六：6）

H157：6，Ad 型石锛。浅灰色粉砂质泥岩。（图 f1-0-73B）

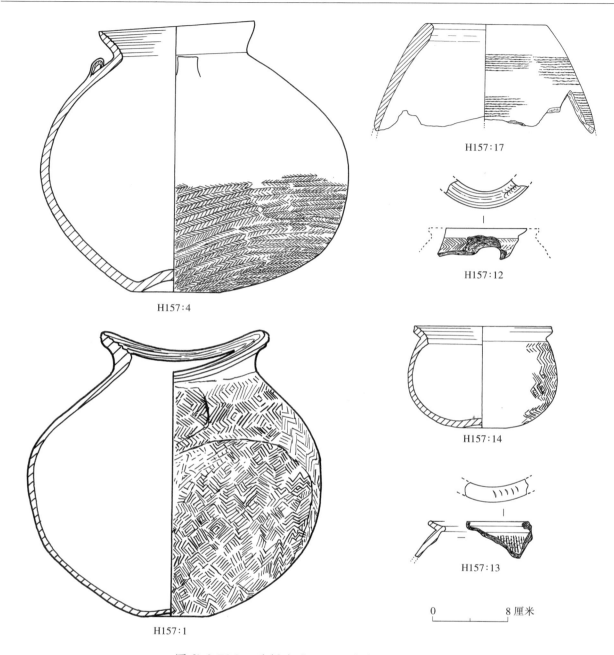

H157:4

H157:1

H157:17

H157:12

H157:14

H157:13

0　　　　　　8 厘米

图 f1-0-73C　马桥文化 H157 出土器物（二）

　　H157:7，Ba 型豆盘。泥质灰胎黑衣陶。口残。沿下饰组合凹弦纹。（图 f1-0-73B）

　　H157:8，B 型盆。泥质灰褐色硬陶。器形因过烧而变形。沿面一刻划陶文。（图 f1-0-73B；彩版四九：8，六八：8）

　　H157:9，陶拍。泥质灰陶。柄略残。残高 5.7 厘米。（图 f1-0-73B）

　　H157:10，Ab 型豆柄。泥质灰胎黑衣陶。柄部饰有镂孔、组合凹弦纹和压印的变体云雷纹。（图 f1-0-73B）

　　H157:11，Aa 型豆柄。泥质黑衣陶。（图 f1-0-73B）

　　H157:12，Cb 型泥质罐口沿。泥质橘黄陶。沿面有多道旋纹，并有一刻划陶文。（图 f1-0-

73C；彩版五四：6）

　　H157：13，Cb 型泥质罐口沿。泥质橘黄陶。折沿，束颈。沿面有一刻划陶文。（图 f1-0-73C；彩版四九：5）

　　H157：14，Dc 型泥质罐。泥质红褐色硬陶。（图 f1-0-73C；彩版七六：1）

　　H157：15，甗口沿。夹砂红陶。（图 f1-0-73B）

　　H157：16，不明器物。夹砂灰黄陶。（图 f1-0-73B）

　　H157：17，夹砂罐口沿。夹砂灰陶。（图 f1-0-73C）

　　H157：18，Ab 型豆柄。泥质黄胎黑衣陶。柄部饰组合凹弦纹、圆形戳刻纹和压印的变体云雷纹。（图 f1-0-73B）

H165

　　位于 T0603 的西北部，北端伸出发掘区外，未清理。开口于第 2B 层下，打破第 6C、7B、12、13 和生土层。坑口最长 2.1、深 0.56 米。坑壁斜直，底近平。坑内堆积为灰褐色土，包含有少量陶片。

H175

　　位于 T03 中东部。开口于 4A 层下，打破第4B、6C 和 7B 层，其东南角又被 H174 打破。坑口最长 1.9、深 0.52 米。斜弧壁，坑底中部一椭圆形下凹浅坑。坑内堆积为深灰褐色土，包含物陶片和石器，器形有陶罐、盆、豆和残石器等。（图 f1-0-74A、B）

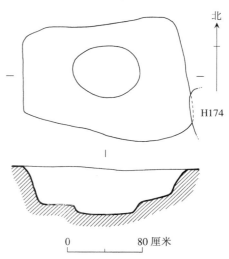

图 f1-0-74A　马桥文化 H175 平剖图

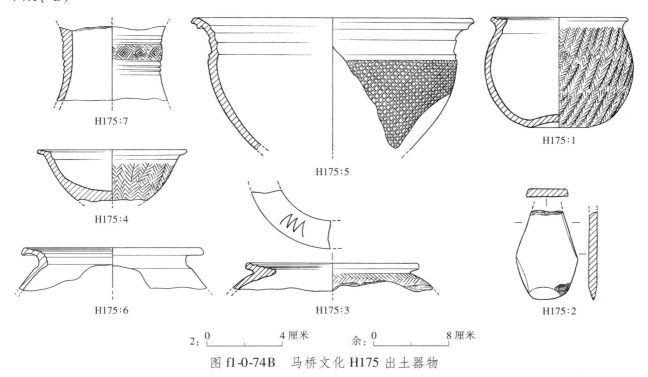

图 f1-0-74B　马桥文化 H175 出土器物

H175：1，Cd 型泥质罐。泥质灰色硬陶。（彩版七四：3）

H175：2，残石器。灰黑色泥岩。器扁平，两端残。残长 4.8、厚 0.4 厘米。

H175：3，Cb 型泥质罐口沿。泥质紫褐色硬陶，火候高。折沿，束颈。沿面有多周旋纹，并有一刻划陶文。口径 18 厘米。（彩版五三：1）

H175：4，B 型盆口沿。泥质紫褐胎灰褐色硬陶。

H175：5，AaⅡ式盆口沿。泥质灰陶。侈口，翻贴缘。颈部显领有凸棱，腹部饰斜方格纹。口径 30 厘米。

H175：6，B 型泥质罐口沿。泥质橘黄陶。口径 19.2 厘米。

H175：7，Ab 型豆柄。泥质灰黄陶。柄部饰组合凹弦纹和压印的云雷纹。

H176

位于 T03 的东北部。开口于第 2A 层下，打破第 4A、4B、6C、7B、8、12 和 13 层。坑口最长 2.96、最深 0.7 米。斜弧壁，坑底西部浅平，至东部演变为一陡壁深坑。坑内堆积为深灰褐色土，夹杂有细碎红烧土颗粒。包含物有陶片和石器，器形有陶鼎、甗、豆、盆、罐、釜、缸、器盖和石锛等。（图 f1-0-75A、B）

H176：1，Bd 型石锛。灰黑色硅质泥岩。（彩版九九：5）

H176：2，B 型器盖。泥质灰陶。（彩版九〇：4）

H176：3，Aa 型鼎口沿。夹砂红陶。平折沿。沿面有多周旋纹，腹部饰横向细绳纹。

H176：4，Aa 型鼎口沿。夹砂灰褐陶。平折沿。沿面有多周旋纹。口径 22.6 厘米。

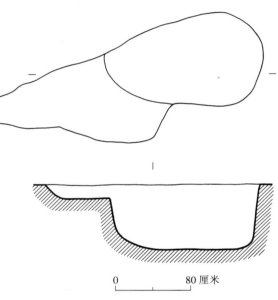

图 f1-0-75A　马桥文化 H176 平剖图

H176：5，Aa 型器盖纽。残。夹砂红陶。纽径 5.6 厘米。

H176：6，Aa 型器盖纽。残。夹砂红陶。纽径 7 厘米。

H176：7，器盖残片。粗泥红陶。盖径 20 厘米。

H176：8，Aa 型鼎口沿。夹砂灰褐陶。折沿。沿面有旋纹，腹部饰横向细绳纹。口径 24 厘米。

H176：9，釜口沿。夹砂灰陶。折沿，沿面内凹。口径 18.4 厘米。系钱山漾二期文化遗存遗留物。

H176：10，B 型泥质罐口沿。夹砂红陶。敛口，厚唇。口径 11.8 厘米。

H176：11，Cb 型泥质罐口沿。泥质橘红陶。折沿，束颈。沿面有多道旋纹。口径 18 厘米。

H176：12，H 型豆柄。泥质灰黄陶。柄部饰组合凹弦纹和压印的变体云雷纹。

H176：13，AaⅢ式盆口沿。泥质灰陶。侈口。颈部饰凹弦纹，腹部饰方格纹。口径 22.8 厘米。

H176：14，舌形足。夹砂灰陶。

图 f1-0-75B 马桥文化 H176 出土器物

H176：15，甗的隔档。夹砂红陶。

H176：16，凹弧足。夹砂红陶。腹部饰篮纹。

H176：17，G型豆盘。泥质紫褐陶。

H176：18，缸口沿。粗砂红陶。折沿，厚唇。口沿下一附加堆乳突。腹部饰篮纹。系钱山漾一期文化遗存遗留物。

H176：19，Ba型鼎口沿。夹砂黑陶。折沿，腹部饰斜向绳纹。

H180

位于 T04 东部。开口于第 4A 层下，打破第 7B、12 和 13 层。灰坑东侧大部被宋代沟扰乱，南端伸入 T06 北隔梁中。坑口残最长 3.02、最深 0.8 米。坑壁斜弧，坑底由南往北倾斜，坑底北部另有两个椭圆深坑。坑内堆积为灰黑土，土质略松，包含物有陶片和石器，器形有陶鼎、甗、盆、豆、罐、钵、器盖和残石器等。（图 f1-0-76A、B）

H180：1，F型豆。泥质灰陶。（彩版六五：3）

H180：2，残石器。灰色—土灰色板岩。残。侵蚀剥落严重。一边起刃。残长 11.4 厘米。

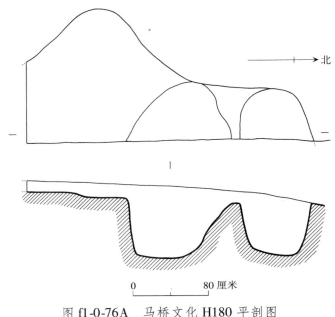

图 f1-0-76A　马桥文化 H180 平剖图

H180：3，C型夹砂罐口沿。夹砂红陶。折沿，鼓腹。腹部饰横向绳纹。口径 24.8 厘米。

H180：4，BfⅠ式鼎口沿。夹砂灰褐陶。

H180：5，Ba型鼎口沿。夹砂灰陶。沿面有旋纹，腹部饰横向绳纹。口径 23.6 厘米。

H180：6，AcⅠ式鼎口沿。夹砂灰褐陶。

H180：7，C型夹砂罐口沿。夹砂红陶。

H180：8，C型夹砂罐口沿。夹砂灰黑陶。平折沿，束颈。腹部饰横向绳纹。口径 23.4 厘米。

H180：9，A型钵口沿。泥质灰陶。

H180：10，甗口沿。夹砂灰陶。

H180：11，豆柄。泥质红陶。柄部饰有凸棱纹和凹弦纹。系钱山漾二期文化遗存遗留物。

H180：12，Aa型器盖。夹砂灰褐陶。纽径 12.2 厘米。

H180：13，AbⅡ式盆口沿。泥质黑陶。

H180：14，C型夹砂罐口沿。夹砂红陶。

H180：15，AcⅠ式鼎口沿。夹砂灰褐陶。

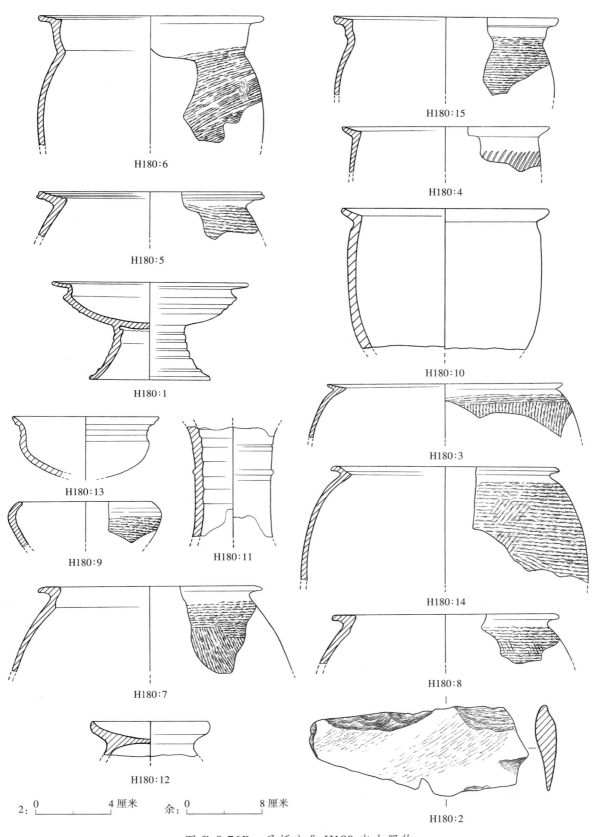

H180:6

H180:5

H180:1

H180:13

H180:9

H180:11

H180:7

H180:12

H180:15

H180:4

H180:10

H180:3

H180:14

H180:8

H180:2

2:　0　　　　　4 厘米　　　余:　0　　　　　8 厘米

图 f1-0-76B　马桥文化 H180 出土器物

七　ⅡA 型灰坑

14 个。

H70

位于 T0802 的东南部。开口于第 2A 层下，打破第 4A、6C、7B、8 和 13 层。坑口直径 1.85~2.42、深 0.46 米。坑壁斜弧，底略圜。坑内堆积可分 2 层：第 1 层为深灰褐色土；第 2 层为灰黑色土，夹杂少量草木灰。包含物有陶片和石器，器形有陶罐、豆、拍、红烧土器和石刀、锛、镰等。（图 f1-0-77A、B）

H70①：1，石犁残片。灰黑色泥质粉砂岩。精磨。厚 0.8 厘米。

H70①：2，Ba 型豆柄。泥质灰陶。

H70①：3，石镰。黑色板岩。（彩版一〇三：2）

H70①：4，Bd 型石锛。灰黑色泥质硅质岩。

H70①：5，E 型陶拍。夹砂红陶。（彩版九四：9）

H70②：6，残石锛。灰黄色石质。残，表面剥蚀严重。残长 9 厘米。

H70②：7，B 型石刀。灰黑色石质。残。

H70②：8，红烧土器。红烧土，局部夹杂黑色。圆柱状，中间有圆孔上下贯穿。应为建筑构件，系钱山漾一期文化遗存遗留物。

H70①：9，Aa 型泥质罐口沿。泥质灰陶。侈口，有领，溜肩，圆鼓腹。口径 10 厘米。

H70①：10，石镰。灰黑色粉砂质泥岩。残。残长 7.9 厘米。

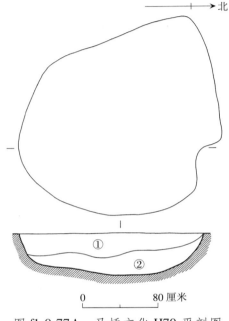

图 f1-0-77A　马桥文化 H70 平剖图

H75

详见第五章遗迹介绍。

H138

位于 T0803 的西南部，部分往南伸入 T0802 的北隔梁中，未清理，西侧坑口上部稍被晚期扰沟破坏。开口于第 2A 层下，打破 4A、6A、12、13 和生土层。坑口直径 1.64~2.74、深 1.18 米。坑壁斜直，底近平。坑内堆积可分 2 层：第 1 层为深灰褐色土，质地较硬；第 2 层为灰黑色土，质软，夹杂大量草木灰。包含物有陶片和石器，器形有陶器盖、拍和石锛等。（图 f1-0-78）

H138②：1，Bc 型石锛。灰白色石质。（彩版九八：4）

H138②：2，D 型陶拍。夹砂灰陶。（彩版九四：7）

H138②：3，Ab 型器盖。夹砂灰褐陶。

H146

位于 T0801 的西部，往西伸出发掘区外，未清理。开口于第 2A 层下，打破第 6C、7B、

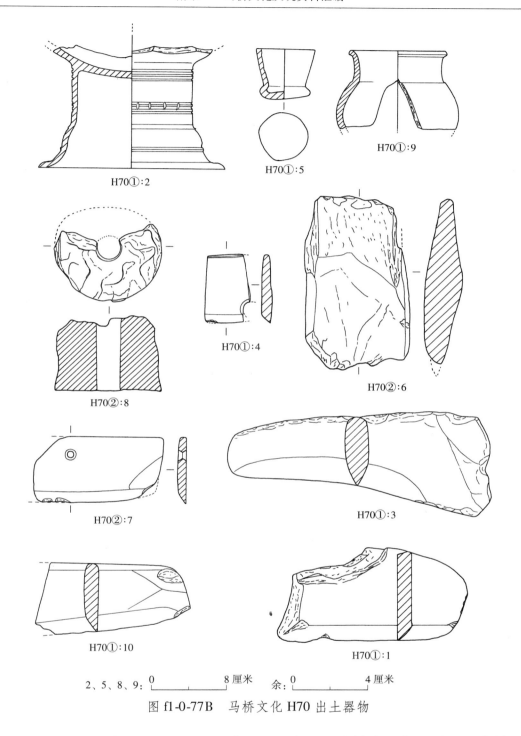

H70①:2

H70①:5

H70①:9

H70②:8

H70①:4

H70②:6

H70②:7

H70①:3

H70①:10

H70①:1

2、5、8、9: 0 ___8厘米   余: 0 ___4厘米

图 f1-0-77B 马桥文化 H70 出土器物

12、13 和生土层。坑口残径 0.28 ~ 1.28、深 0.88 米。坑壁斜直，底近平。坑内堆积可分 2 层：第 1 层为灰褐色土，质地较硬；第 2 层为灰黑色土，质软，夹杂有草木灰。包含物主要为陶片，器形有鼎、盆、罐等。（图 f1-0-79）

H146①:1，D 型盆。泥质灰褐陶，火候稍高。（彩版六九：4）

H146①:2，Db 型泥质罐口沿。泥质橘黄陶。折沿，沿面有多周旋纹和一刻划陶文。（彩版五一：7）

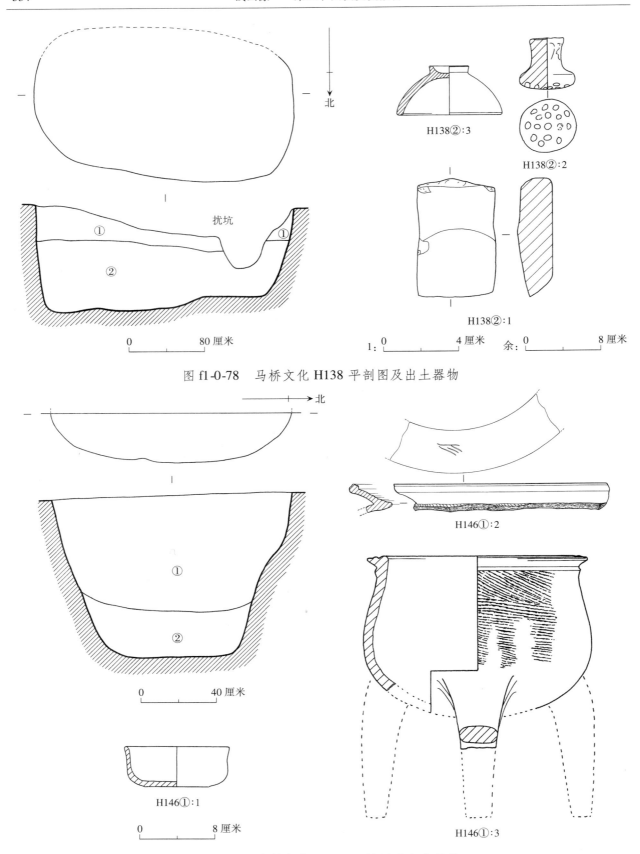

北

扰坑

①

②

0   80 厘米

H138②:3

H138②:2

H138②:1

1: 0   4 厘米   余: 0   8 厘米

图 f1-0-78　马桥文化 H138 平剖图及出土器物

北

①

②

0   40 厘米

H146①:2

H146①:1

0   8 厘米

H146①:3

图 f1-0-79　马桥文化 H146 平剖图及出土器物

H146①：3，AbⅡ式鼎。夹砂棕褐陶。（彩版五六：1）

H160

位于T0503的西部，灰坑部分往西伸入T0403东隔梁中，未清理。开口于第2B层下，打破第4、5、6、7层。坑口残径1.1～1.35、深0.85米。坑壁斜弧，圜底。坑内堆积可分2层：第1层为深灰褐色土，堆积较厚，质地较硬；第2层为灰黑色土。包含有少量陶片。

H163

详见第五章遗迹介绍。

H164

位于T0603的东部，往东伸入探方东隔梁中（未清理）。第2B层下开口，打破6C、7A、12、13和生土层。坑口直径1.53～1.9、深0.82米。坑壁斜弧，底略圜。坑内堆积可分2层：第1层为深灰褐色土，夹杂有红烧土碎块；第2层为黑土，夹杂较多草木灰。包含有少量陶片。

H186

位于T03的西部，西端被近期坑扰。开口于第4A层下，打破第4B、6B、6C、7B和12层。坑口残径0.74～2.66、最深1.4米。坑壁北侧斜弧，南侧斜直，小圜底。坑内堆积可分2层：第1层为深灰褐色土，质地较硬；第2层为灰黑色土，夹杂有草木灰。包含物有陶片和石器，器形有陶甗、罐、豆、器盖、纺轮和石镞等。（图f1-0-80A、B）

H186①：1，D型陶纺轮。夹砂红陶。（彩版九五：8）

H186②：2，CⅠ式石镞。黑色硅质泥质岩。（彩版一○六：2）

H186②：3，残石器。灰黑色板岩。磨制，器形不明，似为石器柄的部分。一端两侧残存半个对钻圆孔。

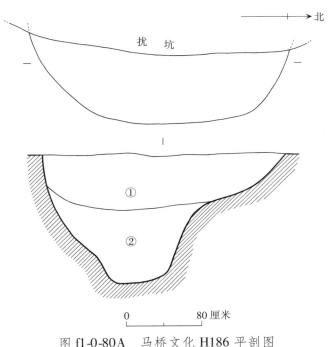

图f1-0-80A 马桥文化H186平剖图

H186①：4，Aa型泥质罐口沿。粗泥灰黄陶，器表多气孔。

H186①：5，Aa型甗口沿。夹砂黑陶。

H186①：6，Aa型器盖。残，泥质红陶。纽径6厘米。

H186①：7，甗口沿。夹砂红陶。

H186①：8，Ca型泥质罐口沿。泥质紫褐胎灰褐色硬陶。

H186①：9，Aa型泥质罐口沿。泥质紫褐陶灰褐色硬陶。沿面有一刻划陶文。（彩版五二：1）

H186①：10，B型器盖。泥质黑陶。纽柄一周三个小圆孔。纽径4.4厘米。

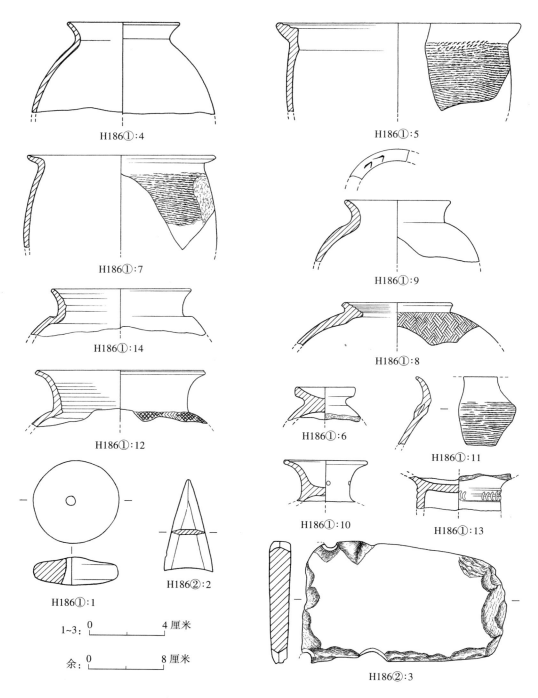

H186①:4

H186①:5

H186①:7

H186①:9

H186①:14

H186①:8

H186①:12

H186①:6

H186①:11

H186①:1

H186②:2

H186①:10

H186①:13

1~3: 0　　　4 厘米

余: 0　　　8 厘米

H186②:3

图 f1-0-80B　马桥文化 H186 出土器物

H186①:11，Aa 型泥质罐口沿。泥质灰陶。折沿。腹部饰横向绳纹。

H186①:12，E 型泥质罐口沿。泥质灰陶。侈口，有领。腹部饰方格纹。口径 17.8 厘米。

H186①:13，Aa 豆柄。泥质灰陶。把部有弦纹和戳刻组合纹。

H186①:14，Aa 型泥质罐口沿。泥质紫褐胎灰褐色硬陶。侈口，颈肩交接处一周内凹。口径 15 厘米。

H188

位于 T02 的南部，往南伸出发掘区外，未清理。开口于第 2A 层下，打破第 4B、6C、8 和 9A 层。坑口残径 1.28～2.3、深 1 米。坑壁斜弧，小底近平。坑内堆积可分 2 层：第 1 层为深灰褐色土，质地较硬；第 2 层为灰黑色土。包含物有陶片和石器，器形有陶鼎、豆、罐、瓿、盆、簋形器、器盖、纺轮和石锛、刀、犁等。（图 f1-0-81A、B）

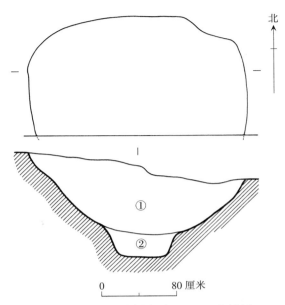

图 f1-0-81A 马桥文化 H188 平剖图

H188①：1，B 型陶纺轮。泥质灰陶。平面圆形，中部一对穿圆孔。直径 3.1、孔径 0.6、厚 0.6 厘米。

H188①：2，B 型石刀。灰黑色泥质粉砂岩。残。（彩版一〇二：1）

H188①：3，A 型纺轮。泥质黑陶。平面圆形。中部一对穿圆孔。直径 4.3、孔径 0.6、厚 0.8 厘米。

H188①：4，Bd 型石锛。浅灰白色硅质泥质岩。

H188①：5，石犁残片。灰黑色泥质粉砂岩。残。厚 0.7 厘米。

H188①：6，C 型瓿。泥质黑陶。（彩版八五：1）

H188①：7，残石器。灰绿色千枚岩。残。不规则形。一端磨尖成锥状。残长 6.1 厘米。

H188①：8，AaⅢ式盆口沿。泥质灰陶。颈部显领并有多道弦纹，腹部饰方格纹。口径 25.6 厘米。

H188①：9，Aa 型鼎口沿。夹砂灰陶。平折沿，束颈。沿面有密集旋纹。腹部饰绳纹。口径 25.6 厘米。

H188①：10，鼎口沿。夹砂红陶。折沿，沿面略内凹。口径 19.6 厘米。应是鱼鳍形足鼎的口沿，系钱山漾一期文化遗存遗留物。

H188①：11，Aa 型鼎口沿。夹砂灰陶。平折沿。沿面密集旋纹。腹部饰横向绳纹。口径 26 厘米。

H188①：12，Bb 型鼎口沿。粗泥红陶。口径 24 厘米。

H188①：13，Aa 型器盖。粗泥灰陶。残。纽径 7.2 厘米。

H188①：14，豆盘。泥质灰黄陶。敞口。弧腹。腹部饰组合凹弦纹。口径 24 厘米。系钱山漾一期文化遗存遗留物。

H188①：15，Aa 型盆口沿。泥质灰黄陶。侈口，束颈，颈部显领。腹部饰斜方格纹。

H188①：16，B 型簋形器。泥质红陶。

H188①：17，Aa 型泥质罐口沿。泥质灰色硬陶。侈口，微束颈。溜肩。弧腹。口径 12 厘米。

H188①：18，F 型盆。泥质灰陶。

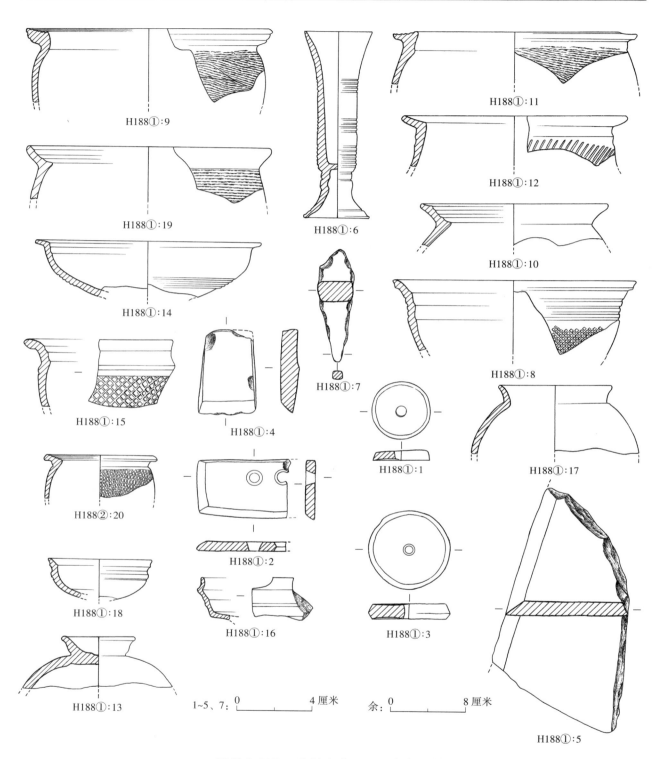

H188①:9

H188①:11

H188①:12

H188①:19

H188①:6

H188①:10

H188①:14

H188①:15

H188①:4

H188①:7

H188①:8

H188①:1

H188①:17

H188②:20

H188①:2

H188①:18

H188①:16

H188①:3

1~5、7：　0　　　　　4厘米　　　　　余：　0　　　　　8厘米

H188①:13

H188①:5

图 f1-0-81B　马桥文化 H188 出土器物

　　H188①:19，Ba 型鼎口沿。夹砂灰陶。折沿。沿面内凹有旋纹，腹部饰横向绳纹。口径
25.8 厘米。

　　H188②:20，De 型泥质罐口沿。泥质橘黄陶。器形小。

H193

位于 T02 的西北部。开口于第 4B 层下，打破第 7A、7B、8 和 9A 层，东南角又被 H179 打破。坑口直径 2.2 ~2.3、深 1.42 米。坑壁斜直，底略圜。坑内堆积可分 2 层：第 1 层为深灰褐色土，夹杂有红烧土颗粒。第 2 层为青灰色淤泥，夹杂有黑色淤泥和草木灰；包含物有陶片和石器，器形有陶鼎、罐、盆、器盖、纺轮、拍和石锛、犁、镞等。（图 f1-0-82A ~ C）

H193①：1，Ba 型石锛。浅灰白色硅质泥岩。（图 f1-0-82C；彩版九七：7）

H193①：2，Bc 型石锛。灰白色泥质硅质岩。残。残长 7.5 厘米。（图 f1-0-82C）

H193①：3，A 型陶拍。夹砂红陶。（图 f1-0-82C；彩版九二：3）

H193①：4，B 型陶纺轮。泥质红陶。（图 f1-0-82C；彩版九五：5）

H193②：5，石犁残片。黑色粉砂质泥岩。残。一侧残存半个打制圆孔。厚 0.8 厘米。（图 f1-0-82B）

H193②：6，B 型石镞。灰黑色硅质泥岩。残。磨制。残长 4.7 厘米。（图 f1-0-82B）

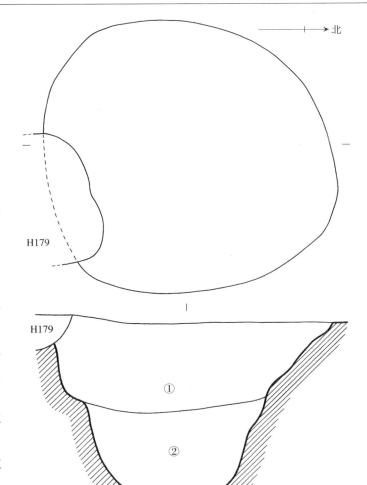

图 f1-0-82A　马桥文化 H193 平剖图

H193②：7，B 型泥质罐。泥质红褐色硬陶。（图 f1-0-82B；彩版七三：4）

H193②：8，植物果壳标本。（未绘图）

H193②：9，Dc 型泥质罐。泥质红褐色硬陶。沿面有一刻划陶文。（图 f1-0-82B；彩版四九：6，七六：4）

H193②：10，Cd 型泥质罐。泥质橘红陶。（图 f1-0-82B；彩版七四：4）

H193②：11，Aa 型泥质罐。泥质红褐色硬陶。沿面有一刻划陶文。（图 f1-0-82B；彩版五〇：6）

H193②：12，不明陶器。泥质黑陶。残。（图 f1-0-82B）

H193②：13，Ae 型石锛。黑色泥质粉砂岩。器形小。（图 f1-0-82B；彩版九七：6）

H193①：14，BbⅠ式鼎口沿。夹砂红陶。腹部饰斜向粗篮纹。应为凹弧足鼎。（图 f1-0-82C）

H193①：15，Aa 型器盖。夹砂红陶。残。纽径 5.8 厘米。（图 f1-0-82C）

H193①：16，B 型盆口沿。泥质橘黄陶。（图 f1-0-82C）

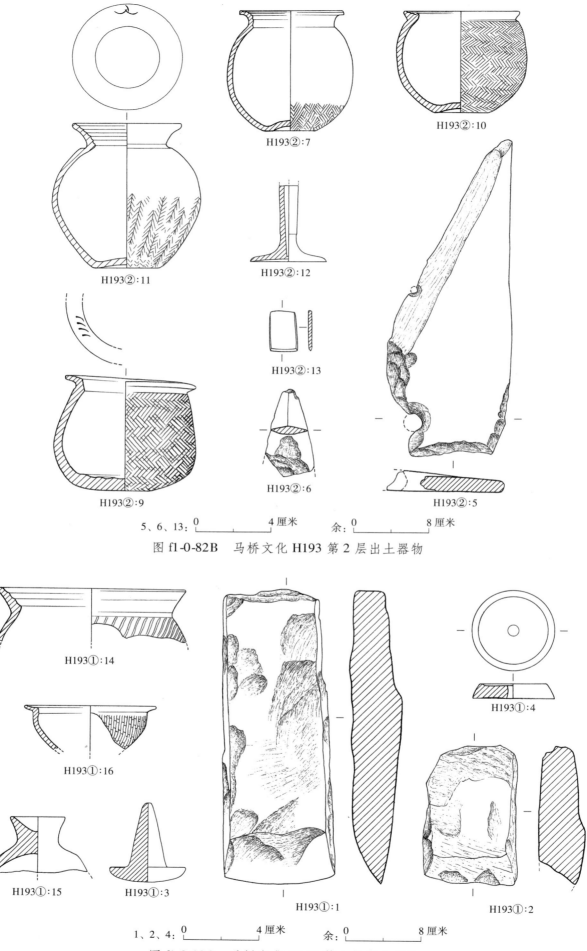

H193②:7

H193②:10

H193②:11

H193②:12

H193②:13

H193②:6

H193②:9

H193②:5

5、6、13: 0 _____ 4厘米　　　余: 0 _____ 8厘米

图 f1-0-82B　马桥文化 H193 第 2 层出土器物

H193①:14

H193①:16

H193①:15

H193①:3

H193①:1

H193①:4

H193①:2

1、2、4: 0 _____ 4厘米　　　余: 0 _____ 8厘米

图 f1-0-82C　马桥文化 H193 第 1 层出土器物

H199

位于 T06 的南部，往南伸出发掘区外（未清理）。开口于第 2A 层下，打破第 3、13 和生土层。灰坑东侧上部被近代扰坑破坏，北端被 H198 打破。坑口直径 1.24～3.78、深 1.16 米。坑壁陡直，坑底东高西低，不平。坑内堆积可分 2 层：第 1 层为深灰褐色土，质地较硬；第 2 层为黑色土，质软，夹杂大量草木灰。包含物有陶片和石器，器形有陶鼎、甗、罐、盆、豆、钵、器盖、纺轮和石斧等，另外出土有 1 件织物。（图 f1-0-83A、B）

H199①:1，B 型陶纺轮。夹砂灰陶。平面圆形，截面梯形。中部一圆孔。上径 3.6、下径 4.1、高 0.9 厘米。

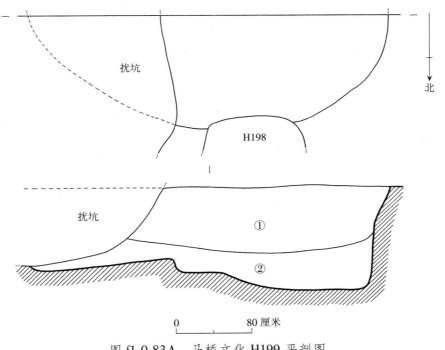

图 f1-0-83A　马桥文化 H199 平剖图

H199①:2，B 型石斧。黑色板岩。刃部残。

H199①:3，Aa 型鼎口沿。夹砂红褐陶。平折沿。沿面有旋纹，腹部饰横向绳纹。口径 21.6 厘米。

H199①:4，Cb 型泥质罐口沿。泥质灰褐色硬陶。折沿，沿面略凹，有旋纹。肩腹部饰曲折纹。口径 17.4 厘米。

H199①:5，Aa 型鼎口沿。夹砂黑陶。平折沿。腹部饰横向绳纹。口径 25.8 厘米。

H199①:6，Aa 型盆口沿。泥质灰陶。侈口，翻贴缘。腹部饰方格纹。

H199①:7，B 型钵。泥质黑陶。

H199①:8，甗口沿。夹砂黑陶。折沿。腹部饰横向绳纹。口径 24 厘米。

H199①:9，器盖残片。残。夹砂灰黄陶。盖径 17.8 厘米。

H199①:10，Aa 型豆柄。泥质黑陶。柄中部有三周凹弦纹。

H199①:11，Ha 型泥质罐口沿。泥质橘黄陶。

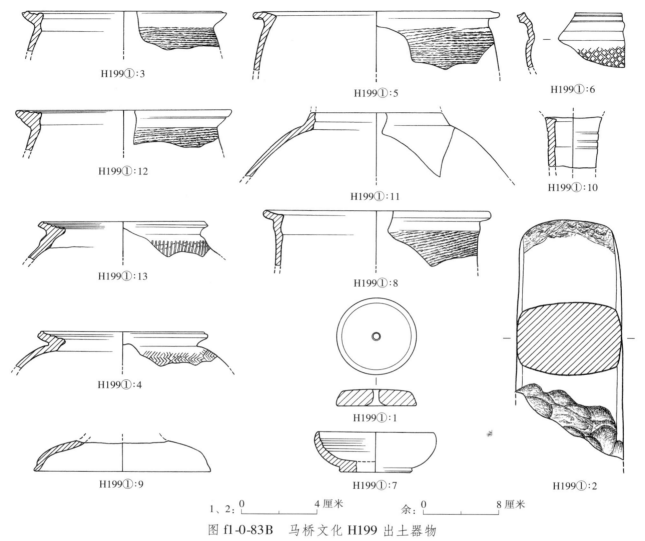

H199①:3

H199①:5

H199①:6

H199①:12

H199①:11

H199①:10

H199①:13

H199①:8

H199①:4

H199①:1

H199①:9

H199①:7

H199①:2

1、2: 0 ▭ 4厘米　　　余: 0 ▭ 8厘米

图 fl-0-83B　马桥文化 H199 出土器物

H199①:12，Aa 型鼎口沿。夹砂灰陶。平折沿。束颈。沿面有旋纹。腹部饰横向绳纹。口径 23.8 厘米。

H199①:13，Cb 型泥质罐口沿。泥质紫褐色硬陶。折沿，束颈。沿面有旋纹。腹部饰竖向篮纹。口径 17.2 厘米。

H199①:14，织物。详见《纺织品纤维测试报告》（附录三）。

H204

位于 T06 的西南及往西扩方处。开口于第 2A 层下，打破第 3、6B、12 和 13 层。坑口直径 1.68～1.84、深 0.5 米。坑壁斜弧，圜底。坑内堆积可分 2 层：第 1 层为深灰褐色土，质地略硬；第

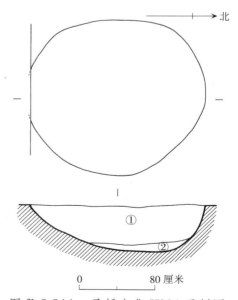

北

①

②

0 ▭ 80厘米

图 fl-0-84A　马桥文化 H204 平剖图

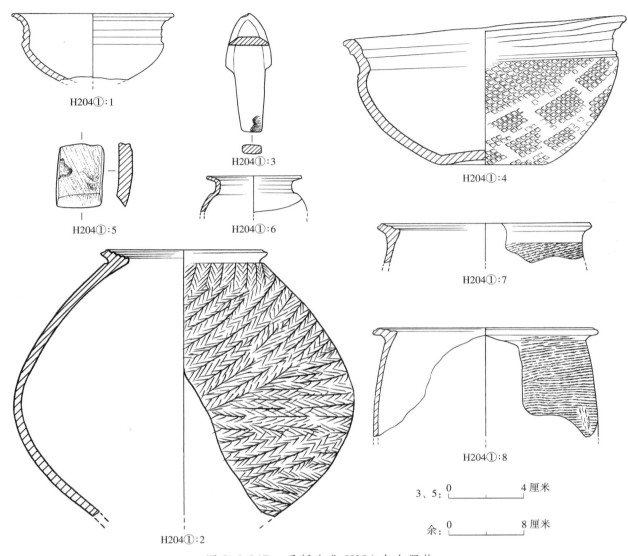

H204①:1

H204①:3

H204①:4

H204①:5

H204①:6

H204①:7

H204①:8

H204①:2

3、5: 0 4厘米

余: 0 8厘米

图 f1-0-84B 马桥文化 H204 出土器物

2 层为黑色色土，夹杂大量草木灰。包含物有陶片和石器，器形有陶鼎、罐、盆和石锛、镞等。（图 f1-0-84A、B）

H204①:1，Ab Ⅱ 式盆口沿。泥质黑陶。

H204①:2，Ca 型泥质罐。泥质橘黄陶。底残。

H204①:3，D 型石镞。灰黑色泥岩。（彩版一〇六：4）

H204①:4，Aa Ⅲ 式盆。泥质灰陶。器口高低不平。（彩版六八：3）

H204①:5，Ad 型石锛。浅灰白色硅质泥质岩。（彩版九七：5）

H204①:6，B 型罐口沿。泥质红褐色硬陶。

H204①:7，Aa 型鼎口沿。夹砂红陶。平折沿。沿面有旋纹，腹部饰横向绳纹。口径23.8厘米。

H204①:8，Aa 型鼎口沿。夹砂灰黑陶。形态与 7 号相近。口径24厘米。

H209

位于 T01 的中部，南侧灰坑上部被晚期坑扰乱。开口于第 4A 层下，打破 6C、7B、8、12、生土层和遗迹 G13。坑口直径 1.72 ~ 2.2、深 1.58 米。坑壁斜直，平底。坑内堆积可分 2 层：第 1 层为灰褐色土，质地较硬；第 2 层为灰黑色土，夹杂草木灰。包含物有陶片和石器，器形有陶鼎、甗、盆、罐、豆、瓦足皿、钵、瓿和石刀、镰、矛等。（图 f1-0-85A ~ D）

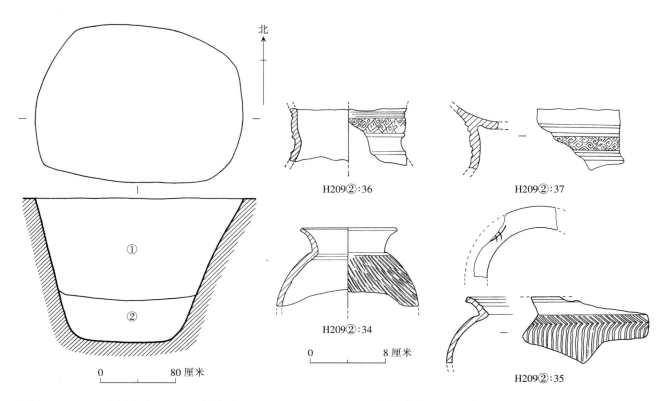

图 f1-0-85A　马桥文化 H209 平剖图　　　　图 f1-0-85B　马桥文化 H209 第 2 层出土器物

H209①：1，残石镰。灰黑色泥质粉砂岩。（图 f1-0-85D）

H209①：2，残石器。土灰色泥岩。因风化而剥落严重。器形不明。残长 8.9 厘米。（图 f1-0-85D）

H209①：3，Ab 型瓿。泥质黑陶。（图 f1-0-85D；彩版八四：6）

H209①：4，Hd 型泥质罐。粗泥灰黄陶。（图 f1-0-85D；彩版七九：1）

H209①：5，石矛。黑色板岩。（图 f1-0-85D；彩版一○六：7）

H209①：6，DbⅠ式豆。泥质黑陶。（图 f1-0-85C；彩版六四：5）

H209①：7，Ae 型泥质罐。泥质红褐色硬陶。（图 f1-0-85D；彩版七三：1）

H209①：8，Aa 型鼎口沿。夹砂红褐陶。平折沿。沿面可见旋纹并有一刻划陶文，腹部饰横向绳纹。口径 16.6 厘米。（图 f1-0-85C）

H209①：9，舌形足。夹砂灰陶。（图 f1-0-85C）

H209①：10，Ad 型泥质罐口沿。泥质橘红陶。口径 15.6 厘米。（图 f1-0-85D）

H209①：11，Aa 型豆柄。泥质黑陶。（图 f1-0-85C）

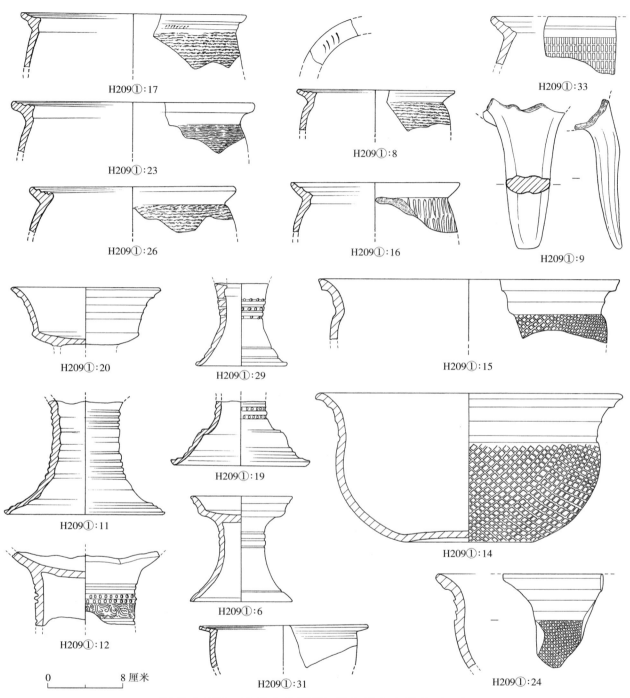

H209①:17

H209①:33

H209①:23

H209①:8

H209①:26

H209①:16

H209①:9

H209①:20

H209①:29

H209①:15

H209①:11

H209①:19

H209①:12

H209①:6

H209①:14

0　　　　8厘米

H209①:31

H209①:24

图 f1-0-85C　马桥文化 H209 第 1 层出土器物（一）

H209①:12，Ab 型豆柄。泥质灰陶。（图 f1-0-85C）

H209①:13，Db 型泥质罐口沿。泥质紫褐色硬陶。折沿，束颈。沿面有旋纹，腹部饰斜向篮纹。口径 24.8 厘米。（图 f1-0-85D）

H209①:14，Aa Ⅰ式盆。泥质灰陶。（图 f1-0-85C）

H209①:15，Aa 型盆口沿。泥质灰陶。侈口，颈部显领。领部有突棱纹，腹部饰斜方

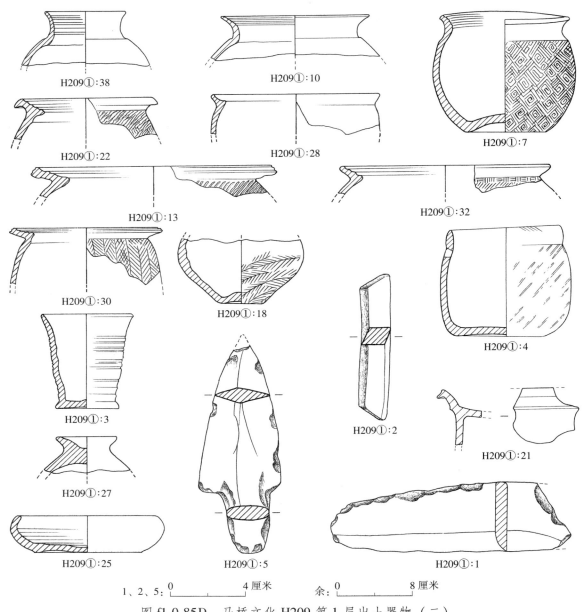

H209①:38

H209①:10

H209①:7

H209①:22

H209①:28

H209①:13

H209①:32

H209①:30

H209①:18

H209①:4

H209①:3

H209①:2

H209①:21

H209①:27

H209①:25

H209①:5

H209①:1

1、2、5:　0 _____ 4厘米　　　　余:　0 _____ 8厘米

图 f1-0-85D　马桥文化 H209 第 1 层出土器物（二）

格纹。口径 32 厘米。（图 f1-0-85C）

　　H209①:16，Bb 型鼎口沿。夹砂红陶。折沿，沿面略凹，束颈。腹部饰竖向篮纹。口径 18 厘米。（图 f1-0-85C）

　　H209①:17，Aa 型鼎口沿。夹砂灰陶。平折沿。腹部饰横向绳纹。口径 24 厘米。（图 f1-0-85C）

　　H209①:18，泥质罐的腹底部。泥质灰褐色硬陶。（图 f1-0-85D）

　　H209①:19，Ba 型豆柄。泥质黑陶。（图 f1-0-85C）

　　H209①:20，AaⅠ式豆盘。泥质黑陶。（图 f1-0-85C）

　　H209①:21，Ⅱ式瓦足皿。泥质黑陶。（图 f1-0-85D）

H209①：22，Cb 型泥质罐口沿。泥质紫褐胎灰褐色硬陶。折沿，沿面略凹。腹部饰斜向绳纹。口径 14 厘米。（图 f1-0-85D）

H209①：23，Aa 型鼎口沿。夹砂灰陶。平折沿，束颈。沿面有旋纹，腹部饰横向细绳纹。口径 26 厘米。（图 f1-0-85C）

H209①：24，Aa 型盆口沿。泥质灰陶。侈口，翻贴缘，颈部显领。颈部饰二周细凸棱纹，腹部饰斜向方格纹。（图 f1-0-85C）

H209①：25，B 型钵。泥质橘黄陶。（图 f1-0-85D）

H209①：26，Aa 型鼎口沿。夹砂灰陶。平折沿，束颈。沿面有旋纹，腹部饰横向绳纹。口径 23.6 厘米。（图 f1-0-85C）

H209①：27，Aa 型器盖纽。夹砂红陶。纽径 6.4 厘米。（图 f1-0-85D）

H209①：28，Cd 型泥质罐口沿。泥质橘红陶。口径 18 厘米。（图 f1-0-85D）

H209①：29，Aa 型豆柄。泥质青灰胎灰色硬陶。（图 f1-0-85C）

H209①：30，Dc 型泥质罐口沿。泥质紫褐色硬陶。折沿，束颈。沿面有旋纹，腹部饰竖向叶脉纹。口径 15.2 厘米。（图 f1-0-85D）

H209①：31，C 型盆口沿。泥质橘红陶。（图 f1-0-85C）

H209①：32，Db 型泥质罐口沿。泥质橘红陶。折沿。沿面有旋纹，颈肩部纹样模糊。口径 22 厘米。（图 f1-0-85D）

H209①：33，Bc 型鼎口沿。夹砂灰黄陶。沿面略凹有旋纹，腹部饰竖向条格纹。（图 f1-0-85C）

H209②：34，Aa 型泥质罐口沿。泥质橘红陶。颈肩交接处略凹。（图 f1-0-85B）

H209②：35，Db 型泥质罐口沿。泥质紫褐胎灰褐色硬陶。侈口，有领。颈肩交接处略内凹。沿面可见旋纹并有一刻划陶文，肩部饰横向叶脉纹，腹部饰竖向篮纹。（图 f1-0-85B；彩版五一：5）

H209②：36，Ab 型豆柄。泥质灰陶。柄中部饰凹弦纹和压印的云雷纹。（图 f1-0-85B）

H209②：37，Ab 型豆柄。泥质灰黄陶。柄部饰凹弦纹和压印的云雷纹。（图 f1-0-85B）

H209①：38，Aa 型泥质罐口沿。原始瓷，灰白胎。口径 8.6 厘米。（图 f1-0-85D）

H217

详见第五章遗迹介绍。

八　ⅡB 型灰坑

6 个。

H53

位于 T0802 的东南角，往南伸入 T0801 的北隔梁中。开口于第 2A 层下，打破第 4A、8、13 层和生土层。坑口长约 1.35、宽约 0.88、深 0.89 米。坑壁斜直，底近平。坑内堆积分 2 层：第 1 层为黄褐色土，夹杂红烧土块和颗粒；第 2 层为黑色土，夹杂大量草木灰。包含物主要为碎小陶片，其中第 2 层中出土了大量的炭化稻米（详见第七章第三节）。

H67

位于 T1101 的西南部，往西伸入 T1001 的东隔梁中，未清理。开口于第 4A 层下，打破第 6C、7B 和 8 层。坑口残长 1.3、宽约 1.21、深 0.71 米。坑壁斜直，底近平。坑内堆积可分 2 层：第 1 层为深灰褐色土，夹杂黄土；第 2 层为灰黑色土。包含物有少量陶片和石器，器形有陶罐、器盖和石镞等。（图 f1-0-86）

H67①：1，Bb 型石镞。灰黑色泥岩。锋部和铤部均残。

H67①：2，Aa 型器盖。泥质灰黄陶。

H67②：3，Aa 型器盖残片。夹砂红陶。圈足纽。纽径 5.9 厘米。

H67②：4，Db 型罐口沿。泥质橘黄陶。折沿。沿面有一刻划陶文，颈部以下饰斜向叶脉纹。（彩版五〇：4）

H67①：5，Ca 型罐口沿。泥质红褐色硬陶。

H161

位于 T03 的北隔梁和 T1001 的南部。开

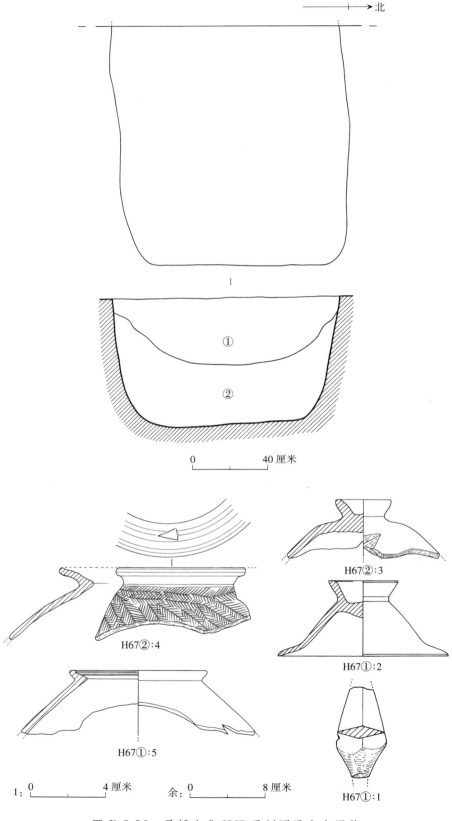

图 f1-0-86　马桥文化 H67 平剖图及出土器物

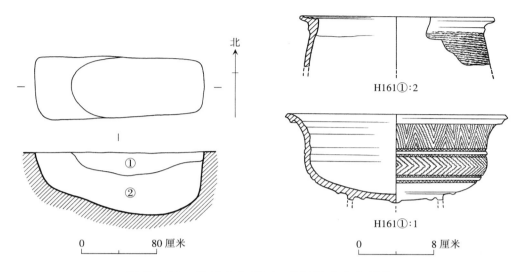

图 f1-0-87　马桥文化 H161 平剖图及出土器物

口于第 4A 层下，打破第 7B、8 层。坑口长 1.8、宽约 0.7、深 0.66 米。坑壁斜直，底略圜。坑内堆积可分 2 层：第 1 层为深灰褐色土；第 2 层为灰黑色土，夹杂有草木灰。包含物主要为陶片，器形有鼎、豆等。（图 f1-0-87）

H161①：1，Ba 型豆盘。泥质灰陶。颈部和腹部刻划密集精致的折线纹。（彩版六三：6）

H161①：2　Aa 型鼎口沿。夹砂红陶。折沿。腹部饰横向细绳纹。口径 20.7 厘米。

H182

详见第五章遗迹介绍。

H194

位于 T06 的北部，往北伸入探方北隔梁中，未清理。开口于第 4A 层下，打破第 7A、8、12 和 13 层。坑口残长 0.76、宽 0.66、深 0.66 米。坑壁斜直，底略圜。坑内堆积可分 2 层：第 1 层为深灰褐色土，夹杂有红烧土颗粒；第 2 层为灰黑色土，夹杂少量草木灰。包含物主要为陶片，器形有钵、陶拍等。（图 f1-0-88）

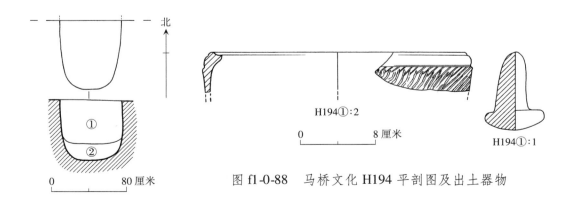

图 f1-0-88　马桥文化 H194 平剖图及出土器物

H194①：1，A 型陶拍。夹砂红陶。（彩版九二：4）

H194①：2，A 型钵口沿。泥质灰陶。腹部饰斜向篮纹。口径 27.2 厘米。

H195

详见第五章遗迹介绍。

九　ⅡC 型灰坑

7 个。

H30

位于 T1102 的北部，北半部伸入探方北隔梁中，未清理。开口于第 2A 层下，打破第 4B、7B、10 和 13 层。坑口残径 1.29～1.5、深 0.67 米。坑壁斜弧，底近平。坑内堆积可分 2 层：第 1 层为深灰褐色土，夹杂黄色斑土；第 2 层为灰黑色土，夹杂有较多草木灰，土质疏松。包含物有陶片和石器，器形有陶鼎、甗、觚和石刀等。（图 f1-0-89A、B）

H30①：1，残石器。灰黄色板岩。横向长条形，一长边起双面凸弧刃。制作粗糙。似为石刀半成品。残长 12.6 厘米。

H30①：2，残石器。深灰色硅质泥岩。一边起双面刃，器形不明。残长 8 厘米。

H30①：3，鼎口沿。夹砂红陶。折沿，颈部以下饰横向绳纹。沿面有一刻划陶文。

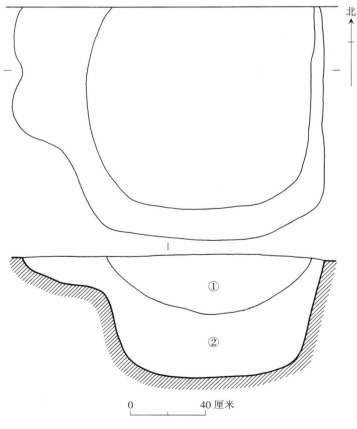

图 f1-0-89A　马桥文化 H30 平剖图

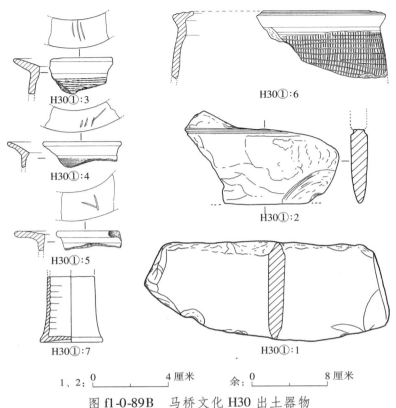

H30①:3

H30①:6

H30①:4

H30①:2

H30①:5

H30①:7

H30①:1

1、2:　0 ——— 4 厘米　　　　余:　0 ——— 8 厘米

图 f1-0-89B　马桥文化 H30 出土器物

H30①:4，鼎口沿。夹砂灰陶。折沿，颈部以下饰横向绳纹。沿面有一刻划陶文（彩版五一:6）。

H30①:5，鼎或甗口沿。夹砂红陶。平折沿，沿面有一刻划陶文。

H30①:6，泥质罐口沿。泥质红陶。

H30①:7，Aa 型瓠底部。泥质灰陶。

H56

详见第五章遗迹介绍。

H80

位于 T0802 的北部。第 2A 层下开口，打破第 7B、8、12、13、生土层和遗迹 H121、H125 和 F3 墙槽。坑口最长 3.1、深 1.36 米。坑壁斜直，底平。坑内堆积可分 2 层:第 1 层为灰褐色土;第 2 层为灰黑色土，质地疏松，夹杂有草木灰。包含物有陶片和石器，器形有三足盘、罐、盆、豆、器盖和石锛、镞等。（图 f1-0-90A ～ D）

H80②:1，AⅢ式三足盘。泥质灰胎黑衣陶。（图 f1-0-90C;彩版八二:5）

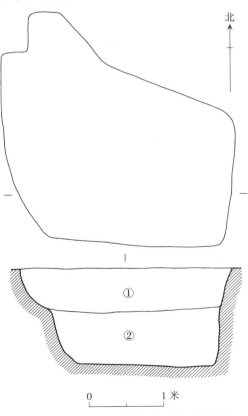

北

①

②

0 ——— 1 米

图 f1-0-90A　马桥文化 H80 平剖图

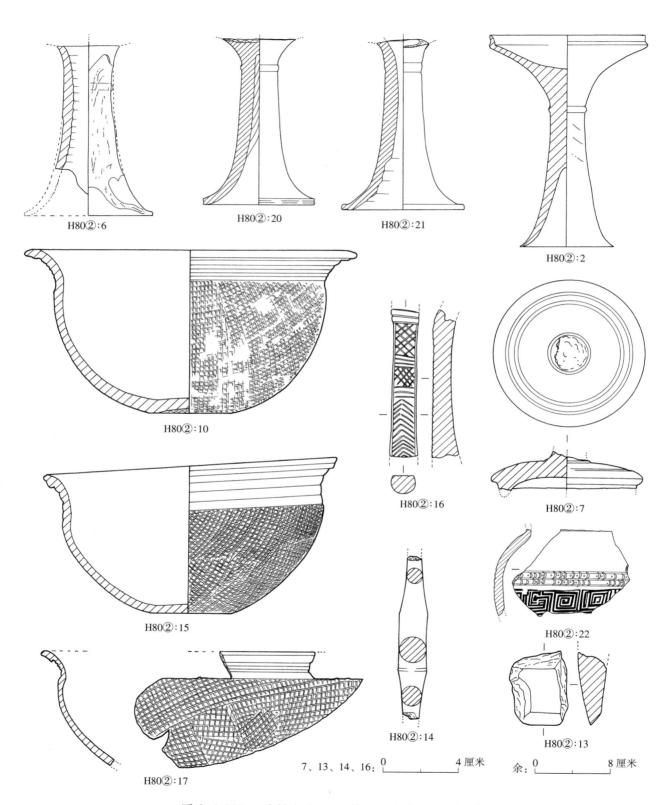

H80②:6
H80②:20
H80②:21
H80②:2
H80②:10
H80②:16
H80②:7
H80②:15
H80②:14
H80②:22
H80②:13
H80②:17

7、13、14、16：0　　　4厘米　　余：0　　　8厘米

图 f1-0-90B　马桥文化 H80 第 2 层出土器物（一）

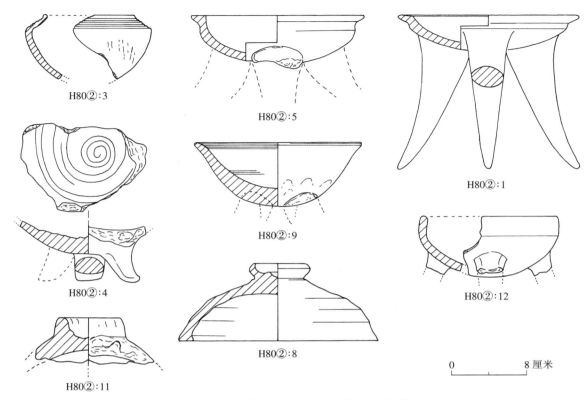

H80②:3

H80②:5

H80②:1

H80②:4

H80②:9

H80②:12

H80②:11

H80②:8

0　　　　　　　　8 厘米

图 f1-0-90C　马桥文化 H80 第 2 层出土器物（二）

H80②:2，Hb 型豆。泥质灰陶。（图 f1-0-90B；彩版六六：2）

H80②:3，GⅡ式泥质罐口沿。泥质红陶。（图 f1-0-90C）

H80②:4，Ba 型三足盘。夹砂红陶。（图 f1-0-90C）

H80②:5，AⅡ式三足盘。泥质灰陶。三足残。（图 f1-0-90C）

H80②:6，H 型豆柄。泥质灰陶。喇叭状细高柄。表皮脱落严重。底径 13.6 厘米。（图 f1-0-90B）

H80②:7，Ca 型器盖残片。泥质黑陶。残，覆碟形。盖面有二周细弦纹。残高 2 厘米。（图 f1-0-90B）

H80②:8，Ac 型器盖。夹砂红陶。（图 f1-0-90C；彩版九〇：3）

H80②:9，Ba 型三足盘。原始瓷，灰白胎，内壁浅绿色釉，外壁黄褐色釉。盘壁有过烧形成的气泡。（图 f1-0-90C；彩版八三：1）

H80②:10，AaⅡ式盆。泥质灰陶。（图 f1-0-90B；彩版六七：2）

H80②:11，Ab 型器盖残片。夹砂灰褐陶。残。手制，制作粗。纽径 3.3 厘米。（图 f1-0-90C）

H80②:12，Bb 型三足盘。夹砂红陶，局部黑色。足残。（图 f1-0-90C；彩版八三：2）

H80②:13，残石锛。深灰色泥质硅质岩。残，磨制，单面刃。残长 4 厘米。（图 f1-0-90B）

H80②:14，F 型石镞。灰黑色泥岩。两端残。（图 f1-0-90B）

H80②:15，AaⅢ式盆。泥质灰陶。（图 f1-0-90B；彩版六八：1）

H80②:16，刻纹陶棒。泥质灰褐色硬陶。截面为半圆的长条形，两端残。平整面有精美

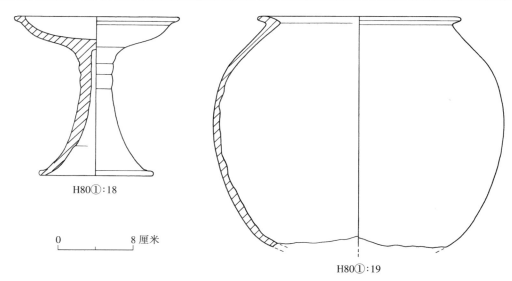

H80①:18

0 ———————— 8 厘米

H80①:19

图 f1-0-90D　马桥文化 H80 第 1 层出土器物

的刻划组合纹。器形、用途不明。（图 f1-0-90B；彩版九一：4）

H80②:17，AaⅢ式盆口沿。泥质灰陶。侈口，翻贴缘，微束颈，斜弧腹。下部残。颈部有三周弦纹，腹部饰方格纹。（图 f1-0-90B）

H80①:18，Hc 型豆。泥质黑陶。（图 f1-0-90D；彩版六六：3）

H80①:19，Cb 型泥质罐。泥质灰色硬陶。（图 f1-0-90D）

H80②:20，H 型豆柄。泥质灰陶。（图 f1-0-90B）

H80②:21，H 型豆柄。泥质灰陶。（图 f1-0-90B）

H80②:22，云雷纹陶片。夹细砂灰陶。似为罐的肩腹部。肩部饰弦纹、半月形剔刻纹和小圆点戳印纹，腹部饰云雷纹。（图 f1-0-90B）

H148

位于 T0801 的北部。开口于第 2A 层下，打破第 4B、6C、7B 层和遗迹 G10。坑口长 3.6、

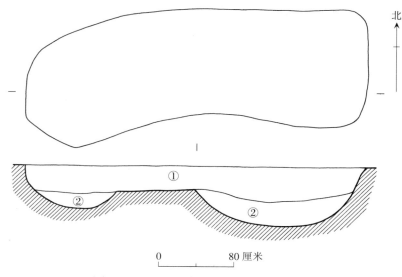

北

①

②　②

0 ———————— 80 厘米

图 f1-0-91A　马桥文化 H148 平剖图

宽 1.28、深 0.64 米。坑壁斜弧，坑底不平。坑内堆积可分 2 层：第 1 层为深灰褐色土，夹杂红烧土颗粒；第 2 层为灰黑色土，土质疏松，夹杂大量草木灰。包含物有陶片和石器，器形有陶豆、簋形器、拍和石镞、刀、犁、斧等。（图 f1-0-91A、B）

H148①：1，Ac 型石镞。浅紫红色粉砂质泥岩。铤部残。（彩版一〇五：6）

H148①：2，石犁残片。灰黑色泥质粉砂岩。磨制较精。厚 0.75 厘米。

H148①：3，残石刀。灰色细杂砂岩。残长 6.6、厚 1.2 厘米。

H148①：4，B 型陶拍。夹砂灰陶。（彩版九三：3）

H148①：5，豆柄。泥质黑陶。炬形细高柄，上端三周凸棱。系钱山漾二期文化遗存遗留物。

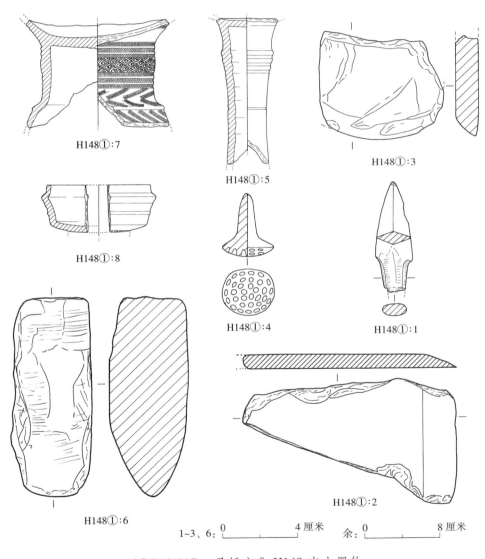

H148①：7

H148①：5

H148①：3

H148①：8

H148①：4

H148①：1

H148①：6

H148①：2

1~3、6：0　　　　4 厘米　　余：0　　　　8 厘米

图 f1-0-91B　马桥文化 H148 出土器物

H148①:6，B 型石斧。浅灰白色硅质泥质岩。（彩版九六:6）

H148①:7，Ba 型豆柄。泥质黑陶。把部饰刻划的"之"字纹、凹弦纹和拍印的云雷纹组合纹。

H148①:8，B 型簋形器。泥质灰黄陶。形态少见。

H158

位于 T0503 的东部，东半部伸入探方东隔梁中，未清理。开口于第 2B 层下，打破 7B、8、12、13 和生土层。坑口残长 1、宽 0.7、深 0.7 米。坑壁南侧斜弧，北侧陡直，圜底。坑内堆积可分 2 层：第 1 层为深灰褐色土；第 2 层为灰黑土，夹杂烧土颗粒和草木灰。包含物仅少量陶片，器形有器盖等。（图 f1-0-92）

H158①:1，Aa 型器盖。粗泥灰陶。

H196

位于 T06 的西北部，往北伸入探方被隔梁中，未清理。开口于第 3 层下，打破第 4A、6B、8 和 12～14 层。坑口残长 2.1、残宽 0.52、深 1.26 米。坑壁上部斜弧，下部陡直，底近平。坑内堆积可分 2 层：第 1 层为深灰褐色土；第 2 层为灰黑色土伴有青灰淤泥，并夹杂大量草木灰。包含物有陶片和石器，器形有陶鼎、豆、器盖和石凿等。（图 f1-0-93A、B）

H196①:1，Aa 型器盖。夹砂红陶。

H196①:2，石凿。浅灰白色硅质泥岩。（彩版九九:8）

H196②:3，Ba 型豆。泥质黄

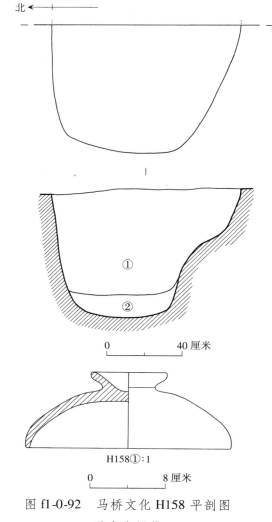

图 f1-0-92　马桥文化 H158 平剖图
及出土器物

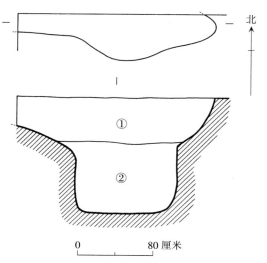

图 f1-0-93A　马桥文化 H196 平剖图

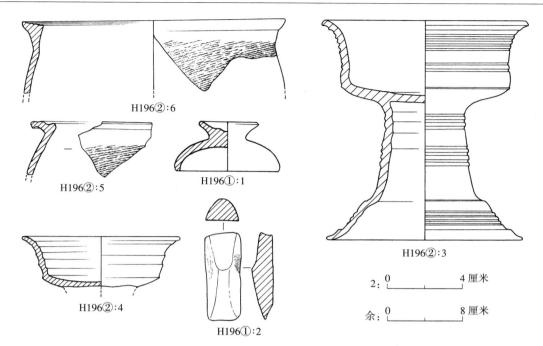

图 f1-0-93B　马桥文化 H196 出土器物

胎黑衣陶。（彩版六三：5）

H196②：4，AaⅡ式豆盘。泥质黑陶。

H196②：5，Aa 型鼎口沿。夹砂灰黑陶。平折沿，束颈。沿面有旋纹，腹部饰斜向绳纹。

H196②：6，AbⅠ式鼎口沿。夹砂红陶。沿面有多周旋纹，腹部饰斜向细绳纹。口径28厘米。

H206

详见第五章遗迹介绍。

十　Ⅲ型灰坑

13 个。

H87

位于 T1002 的北部和 T1003 的南部。开口于第 2A 层下，打破第 4B、7B、10、12、13、生土层和 H88、F3 墙槽等遗迹。坑口直径 2.38～3.82、深 1.18 米。坑壁斜弧，底略圜。坑内堆积可分 11 层，大多呈凹弧状分布：

第 1 层为深灰褐色土，质地较硬；

第 2 层为灰褐色土；

第 3 层为灰黑色土，夹杂草木灰。为局部分布的薄层；

第 4 层为黄绿色土；

第 5 层为黑色土，夹杂草木灰；

第 6 层为黄褐色土；

第 7 层为黑色土，夹杂草木灰；

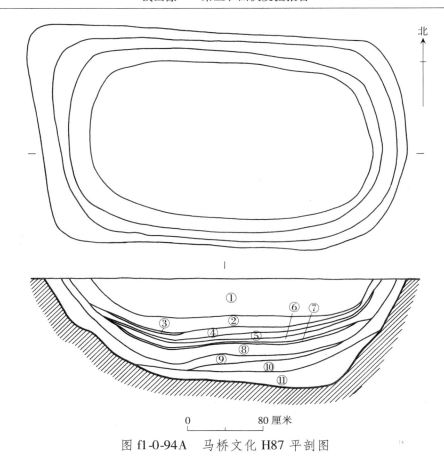

图 f1-0-94A　马桥文化 H87 平剖图

第 8 层为灰黑色土；

第 9 层为褐斑青灰土；

第 10 层为青灰土，夹杂较多团块状黄绿色土；

第 11 层为青灰色淤泥。

包含物有陶片和石器，器形有罐、豆和石刀。（图 f1-0-94A、B）

H87②:1，石刀半成品。灰绿色石质。（彩版一〇八:2）

H87②:2，Ab 型罐口沿。泥质紫褐胎灰色硬陶。

H87②:3，Ab 型豆柄。泥质灰陶。

H97

位于 T1202 的西北部，往北伸出发掘区外，未清理。开口于第 2A 层下，打破第 4A、4B、13 和生土层。坑口残径 0.75～2.25、深 1.04 米。坑壁斜弧，圜底。坑内堆积可分 11 层，呈凹弧状分布：

第 1 层为深灰褐色土，质地较硬；

第 2 层为灰黑色土，夹杂有灰褐色土；

第 3 层为黄绿色褐斑土；

第 4 层为黑色草木灰，薄层；

第 5 层为黄绿色土；

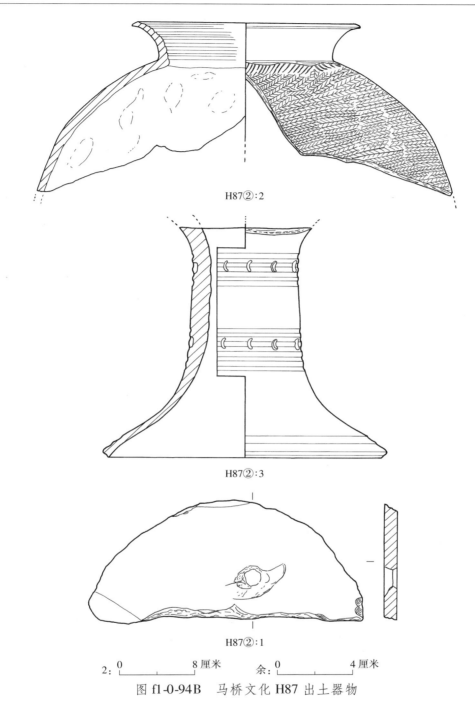

H87②:2

H87②:3

H87②:1

2: 0 ———— 8厘米　　　余: 0 ———— 4厘米

图 f1-0-94B　马桥文化 H87 出土器物

第 6 层为黑色土，夹杂草木灰；

第 7 层为黄褐色土；

第 8 层为灰黑色土，夹杂草木灰；

第 9 层为黄褐色土，薄层；

第 10 层为灰黑色淤泥，夹杂草木灰；

第 11 层为青灰色淤泥。

包含物有陶片和石器，器形有陶鬶、罐、豆、簋形器和石锛等。（图 f1-0-95）

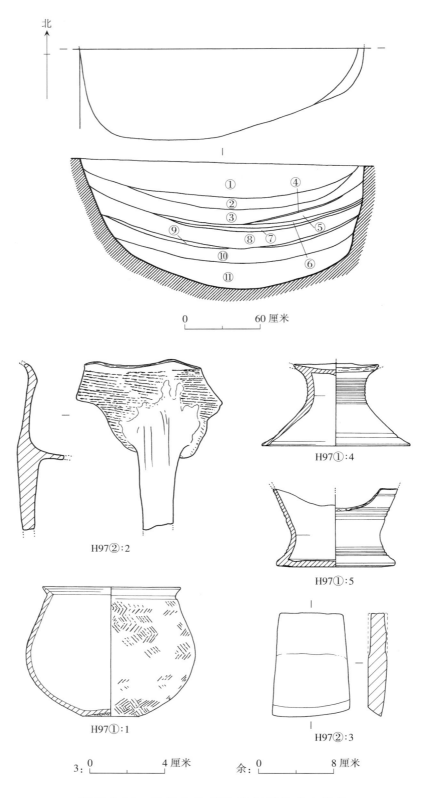

图 f1-0-95　马桥文化 H97 平剖图及出土器物

H97①：1，Cc 型泥质罐。泥质灰褐色硬陶。过烧致器壁有气泡。（彩版七四：2）

H97②：2，A 型甗腹部残片。夹砂灰黄陶。下腹部饰横向绳纹。

H97②：3，Ad 型石锛。浅灰色粉砂质泥质岩。器表因风化而脱落。

H97①：4，豆柄。泥质黄陶。

H97①：5，A 型簋形器。泥质灰黄陶。上部残。

H101

详见第五章遗迹介绍。

H102

详见第五章遗迹介绍。

H105

详见第五章遗迹介绍。

H108

位于 T0902 的西北部。开口于第 2A 层下，打破第 6A、13、生土层和 F3 墙槽。坑口直径 1.7 ~ 2.1、深 1.48 米。坑壁斜直，圜底。坑内堆积可分 3 层：第 1 层为灰褐色土，质地较硬；第 2 层为黑色土，夹杂较多草木灰；第 3 层为深灰褐色土，夹杂红烧土颗粒。包含物主要有陶片，器形有鼎、罐等。另外还出土了 1 件麻质编织带。（图 f1-0-96）

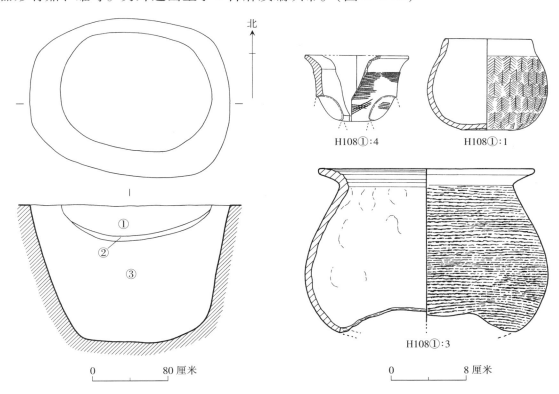

图 f1-0-96 马桥文化 H108 平剖图及出土器物

H108①：1，B 型夹砂罐。夹砂灰黑陶。（彩版八〇：2）

H108③：2，麻质编织带。详见《纺织品纤维测试报告》（附录三）。

H108①：3，A 型夹砂罐口沿。夹砂灰陶。

H108①：4，Ce 型鼎。夹砂红陶。圆锥足残。

H116

位于 T0802 的东北部。开口于第 2A 层下，打破第 6A、7B、8、12、13、生土层和 F3 墙槽。坑口直径 1.1～1.91、深 1.29 米。坑壁斜直，底近平。坑内堆积可分 7 层：

第 1 层为灰褐色土，夹杂红烧土颗粒，质地较硬；

第 2 层为灰黑色土，夹杂有草木灰；

第 3 层为深灰褐色土，夹杂有红烧土颗粒，质略黏；

第 4 层为黑色土，夹杂有草木灰；

第 5 层为黄绿色褐斑土；

第 6 层为黑色土，夹杂大量草木灰，质软；

第 7 层青灰淤泥，质地纯净。

包含物主要为陶片，器形有鬶、豆、器盖等。（图 f1-0-97）

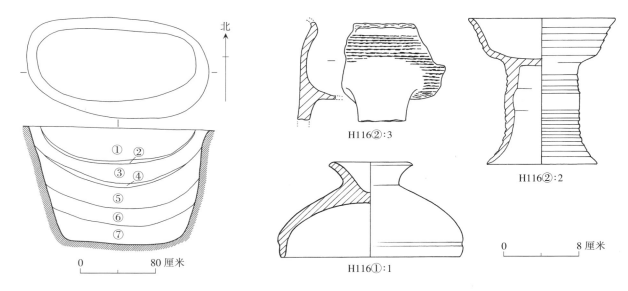

图 f1-0-97　马桥文化 H116 平剖图及出土器物

H116①：1，Aa 型器盖。夹砂灰黄陶。

H116②：2，AbⅡ式豆。泥质灰胎黑衣陶。（彩版六三：4）

H116②：3，A 型鬶残片。夹砂灰黑陶。残存下腹和舌形足足跟。腹部饰横向绳纹。

H118

位于 T0803 的中部。开口于第 2A 层下，打破第 6A、7B、12、13 层和 F3 墙槽。坑口直径 1.28～1.49、深 0.73 米。坑壁斜直，底近平。坑内堆积可分 4 层：第 1 层为灰褐色土，夹杂少量红烧土颗粒；第 2 层为黄褐色土；第 3 层为深灰褐色土；第 4 层为黑色土，夹杂大量草木灰、炭粒和少量红烧土块，质地疏松。包含物仅少量陶片。

H119

位于 T0803 的东部。开口于第 2A 层下，打破第 6A、7B、11、12 层和 F3 墙槽。坑口直径 1.15～1.39、深 0.33 米。坑壁斜弧，底近平。坑内堆积可分 4 层：第 1 层为灰褐色土，夹杂有红烧土颗粒；第 2 层为灰黑色土，含草木灰；第 3 层为黄褐色土，夹杂有灰褐色土，可另分出若干小层；第 4 层棕褐色土。包含物仅少量陶片。

H120

位于 T0803 的东南部。开口于第 2A 层下，打破第 6A、7B、12、13、生土层和遗迹 H121、F3 墙槽，东北和西北部又被 H117 和一近代扰坑打破。坑口平面呈圆角长方形，长 2.64、宽 1.44、深 1.22 米。坑壁斜直，底近平。坑内堆积可分 3 层：第 1 层为灰褐色土，夹杂有红烧土颗粒，质地较硬；第 2 层为深灰褐色土；第 3 层为灰黑色土，夹杂红烧土颗粒、草木灰和炭粒，质地较软而黏。

包含物主要为陶片，器形有陶豆、器盖、纺轮、拍等。（图 f1-0-98）

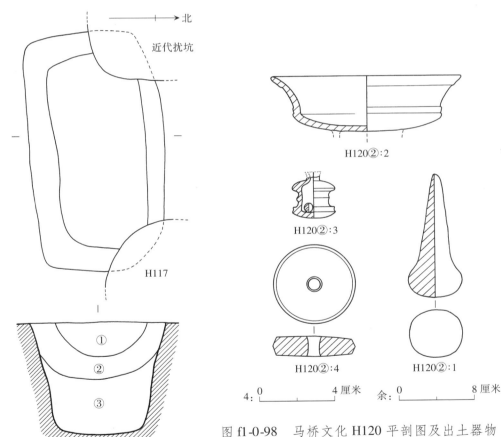

图 f1-0-98 马桥文化 H120 平剖图及出土器物

H120②：1，B 型陶拍。泥质橘红陶。（彩版九三：2）

H120②：2，Aa Ⅱ 式豆盘。泥质灰陶。

H120②：3，Cd 型器盖纽。泥质灰陶。

H120②：4，A 型陶纺轮。泥质灰陶。直径 4.3、孔径 0.7、厚 1 厘米。

H159

位于 T0503 的东南部，往东伸入探方隔梁中，未清理。开口于第 2B 层下，打破 7B、8、13 和生土层。坑口直径 0.6～1.82、深 0.98 米。坑壁斜弧，底近平。坑内堆积可分 5 层：

第 1 层为灰褐色土，夹杂有红烧土颗粒；

第 2 层为黑色土，夹杂草木灰，质软；

第 3 层为黄绿色土，夹杂红烧土颗粒；

第 4 层为黑土，夹杂较多的草木灰，质软；

第 5 层为青灰色淤泥，质地相对纯净。

包含物主要为陶片，器形有豆、盆等。（图 f1-0-99）

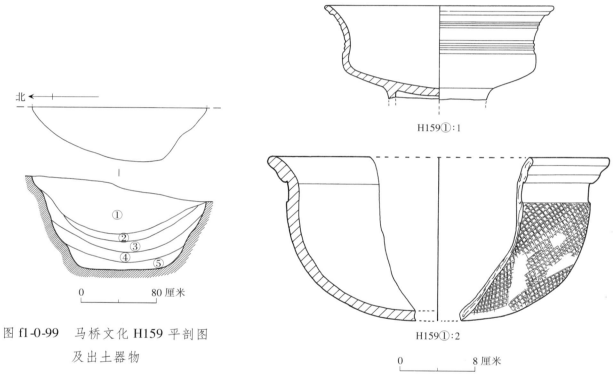

H159①:1

H159①:2

图 f1-0-99　马桥文化 H159 平剖图
　　　　　　及出土器物

H159①:1，Ba 型豆盘。泥质灰陶。

H159①:2，AaⅡ式盆。泥质灰胎黑陶。

H167

位于 T0703 的西北部，往北伸出发掘区外，未清理。开口于第 2B 层下，打破第 12、13 和生土层。坑口残径 0.6～1.3、深 0.9 米。坑壁斜弧，底近平。坑内堆积可分 5 层：

第 1 层为灰褐色土，夹杂较多的红烧土块；

第 2 层为黑色土，夹杂有草木灰，质软；

第 3 层为浅灰褐色土，为一薄层；

第 4 层为灰黑色土，夹杂红烧土颗粒和草木灰；

第 5 层为青灰色淤泥。

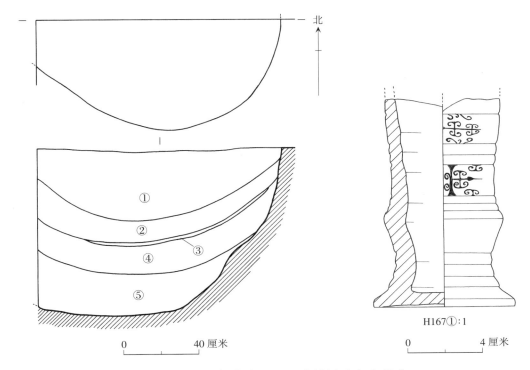

图 f1-0-100 马桥文化 H167 平剖图及出土器物

包含物主要为陶片，器形有觯等。（图 f1-0-100）

H167①:1，Ab 型觯。泥质灰黑陶。口沿残。

H201

详见第五章遗迹介绍。

十一 Ⅳ型灰坑

3 个。

H79

详见第五章遗迹介绍。

H81

详见第五章遗迹介绍。

H107

详见第五章遗迹介绍。

十二 Ⅴ型灰坑

1 个。

H122

详见第五章遗迹介绍。

附录二

石器岩性鉴定报告

董传万

（浙江大学地球物理系）

一　石器石料鉴定原则与方法

石器的石料鉴定原则，是尽可能地不破坏石器。因此，采用的方法主要是肉眼鉴定。在肉眼鉴定的基础上，挑选地层中部分石器残片，进行切片和显微镜下鉴定，准确定名。挑选有代表性的视域，进行显微照相。

石器的石料，按石料岩石成因，分火成岩、沉积岩和变质岩三大类。肉眼观察各类岩石的石器，按造岩矿物及其组合、岩石的结构构造，进行描述、分类与命名。

二　各类石器岩性特点

钱山漾遗址出土石器鉴定总件数为 342 件。其中属于钱山漾一期文化遗存 114 件（表 f2-0-1），属于钱山漾二期文化遗存 36 件（表 f2-0-2），属于马桥文化 192 件（表 f2-0-3）。石器的类型有钺、锛、凿、镰、镞、刀、犁、砺石等。经鉴定的 340 件石器岩性可细分为 38 种，归并为岩浆岩、沉积岩和变质岩三大类，以沉积岩类为主，它们之间有许多过渡类型。

（一）岩浆岩类

岩浆岩类石料主要包括辉长辉绿岩、辉绿岩和花岗斑岩等，也包括一部分由火山作用形成的凝灰岩。由岩浆岩制成的石器在钱山漾遗址出土的石器中占比并不多，且主要出土在马桥文化中。

1. 辉长辉绿岩

见 T04④A：12 石斧（图 f2-0-1）。石器新鲜面呈灰黑色，风化表面呈灰色，具半自形粒状结构，块状构造，石器表面见板条状斜长石。显微镜下可见其主要由斜长石和辉石等组成，含少量的石英。

斜长石呈板条状，含量约 60%，单偏光镜下无色，低正突起，但见有许多裂纹；正交偏光下可见卡—钠复合双晶，最高干涉色Ⅰ级灰白。斜长石但普遍绢云母化、绿泥石化和碳酸盐化。

辉石，呈短柱状，在单偏光镜下，无色，高正突起，可见柱面解理；在正交偏光镜下，辉石呈较鲜艳的Ⅱ级干涉色，柱面斜消光，消光角大于 35°，应属普通辉石，含量约 30% 左右，但因普遍受到绿泥石化而呈残留粒状。

薄片中还见有少量石英（含量约5%左右），它们呈粒状，填隙于斜长石和辉石之间。在单偏光下，石英无色，在正交偏光镜下，呈Ⅰ级灰白干涉色，但普遍受动力变质作用，出现一些亚颗粒、波状消光等变形现象。

副矿物为磁铁矿和磷灰石，后者常呈柱状或针状，有的见有垂直柱面解理。薄片中还见有蚀变矿物方解石等。

结合石器薄片中裂隙发育，裂隙延伸较长，石英等受动力变质作用而呈亚颗粒等变形形态，并普遍绿泥石化、碳酸盐化，表明该石器石料变质，故定名为蚀变辉长辉绿岩。

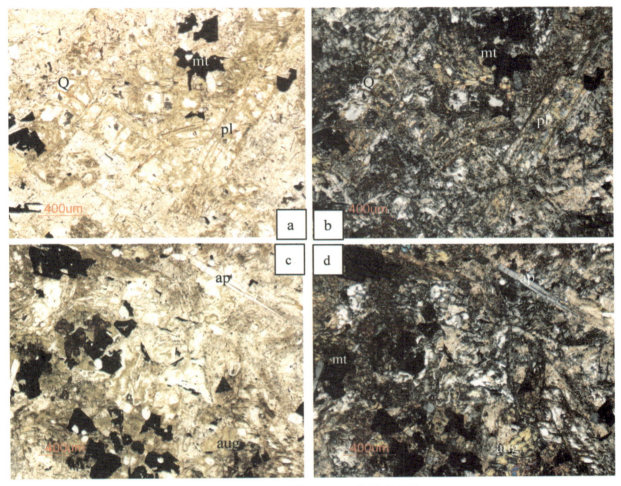

图 f2-0-1　T04④A：12 石斧显微照片

a、c 对应 b、d，分别在单偏光和正交偏光下观察；石器岩性为蚀变辉长辉绿岩 pl - 斜长石，aug - 普通辉石，ap - 磷灰石，mt - 磁铁矿，Q - 石英

2. 辉绿岩

见 T0403④：3 石斧。石器呈灰色、灰绿色，辉绿结构，块状构造，放大镜下，可见斜长石呈细条状，在其搭成的孔隙中，充填着粒状的黑色颗粒，疑为绿泥石化辉石。偶见有斜长石斑晶。

3. 花岗斑岩

见 J10④：5 石球。它们呈浅肉红色，具斑状结构。斑晶为长石和石英。前者长板状，肉红色，解理发育；后者呈粒状，无色，油脂光泽。基质由石英、长石等长英质组成。

4. 凝灰岩

分晶屑凝灰岩和玻屑凝灰岩，它们见于钱山漾一期文化遗存。主要的石器为石钺（T0901⑦B：106）和石镞（Q1：10）、石锛（T0904⑩：16）等。它们呈灰色或肉红色，凝灰结构。见有一定量晶屑者为晶屑凝灰岩，如 T0901⑦B：106 石钺，晶屑主要是板状或板条状，部分呈碎屑状的钾长石，肉红色，其粒径约 1～2 毫米，含量约 10%～20%，其余为玻屑、火山尘等火山灰物质，颗粒极细。玻屑凝灰岩的颗粒很细，故定为玻屑凝灰岩，但也可见少量细粒级（粒径 <1 毫米）的长石晶屑。

（二）沉积岩类

沉积岩类岩石是钱山漾遗址出土石器的重要石料，且主要是陆源碎屑岩。按自然粒级分为砂岩（进一步可分粗粒砂岩 2～0.5 毫米、中粒砂岩 0.5～0.25 毫米和细砂岩 0.25～0.05 毫米）、粉砂岩（碎屑粒径 0.05～0.005 毫米）、泥岩（粒径 <0.005 毫米），还有少量的硅质岩。它们之间常有多种过渡类型，如粉砂质泥岩、泥质粉砂岩、泥质硅质岩等。

1. 砂岩

包括净砂岩和杂砂岩两类。净砂岩和杂砂岩的区别，在于杂基的含量，前者杂基的含量小于岩石组分的 15%，而后者杂基含量大于 15%。这类石料主要用作砺石等。

净砂岩以砺石（T1103⑦B：20 和 T0801⑥C：35）为代表。它们分别呈浅红—紫红色和紫红色，砂状结构，块状构造。

T1103⑦B：20 砺石由碎屑和胶结物两部分组成。碎屑含量大于 90%，主要由石英、岩屑和少量长石组成，其中石英碎屑的含量 60%～70%，岩屑含量 25%～30%，长石含量约 5%～10%。碎屑呈次棱角状，分选性较好，粒径 0.1～0.2 毫米，石英碎屑在单偏光镜下无色，在正交偏光镜下最高干涉色为 I 级黄白色。岩屑主要为泥质岩和硅质岩的碎屑，前者具泥质结构，由黏土矿物及少量铁质组成，它们在单偏光镜下呈红色色调；后者由重结晶的细小石英组成，具显微粒状结构。长石碎屑主要是钾长石的碎屑，其表面有泥化现象。碎屑主要呈接触式胶结，局部呈孔隙式，因此胶结物的含量很低，约 5%～10% 左右，胶结物主要为泥质，少量铁质，定名为长石岩屑石英细砂岩（图 f2-0-2a、b）。

T0801⑥C：35 砺石基本与以上的砺石相同。它们同为紫红色，砂状结构，块状构造。碎屑含量大于 90%，但岩屑含量较多（达 40%±），而长石碎屑含量较低（约 10%±）。岩屑成分主要是泥质岩和硅质岩，以前者为主。泥质岩岩屑具泥质结构，由黏土矿物及少量铁质组成，它们在单偏光镜下呈红色色调，部分黏土矿物已变成小的白云母。泥质岩岩屑因岩性较软，在堆压过程中，常受压变形，而呈假杂基状。硅质岩岩屑由重结晶的细小石英组成，具显微粒状结构。长石碎屑主要是钾长石的碎屑，其表面有泥化现象。以上碎屑主要呈接触式胶结，局部呈孔隙式，因此胶结物的含量很低，约 5%～10% 左右，胶结物主要为泥质和铁质，定名为长石岩屑砂岩（图 f2-0-2c、d）。

图 f2-0-2　净砂岩砺石 T1103⑦B∶20 和 T0801⑥C∶35 显微照片

a、c 对应 b、d，分别在单偏光和正交偏光下观察；a、b 为长石岩屑石英细砂岩（T1103⑦B∶20），c、d 为长石岩屑砂岩（T0801⑥C∶35），后者岩屑含量较多，且含有白云母等

杂砂岩常常呈灰色、灰黑色，有的有层理。这类石料主要用来制作石犁、石刀等。根据所含组分，可细分为粉砂质杂砂岩（它们呈粉砂状—砂状结构，砂级碎屑含量约 60% 左右，其成分主要是石英，杂基为泥质）、长石杂砂岩（浅灰白色，碎屑含量约 85%，主要为石英和长石，含有少量的白云母，杂基为泥质）、凝灰质杂砂岩（灰黑色，粉砂状—砂状结构，可见不明显的层理构造，碎屑含量约 60% 左右，其成分主要是石英，但见有较大的长石碎屑，可能为原来火山喷发时的长石晶屑，杂基为泥质和粉砂质）等。

2. 粉砂岩和泥岩

该两种石料岩性常相互过渡，即为粉砂质泥岩或泥质粉砂岩。它们常呈黑色、深灰色、浅灰绿色等不同颜色，石器表面光滑，断面则比较粗糙，有的具明显层理，有的层理不明显。

以 H193②∶5 残石犁为例。它呈黑色，粉砂质、泥质结构，具不明显的层理构造，主要由泥质组成，含少量粉砂质，手感较粗。显微镜下观察，粉砂的含量约 25% ~30% 左右，粒径 0.025 ~0.05 毫米，个别粒径达 0.1 毫米。粉砂的成分主要是石英，少量为钾长石和泥岩岩屑，但后者因堆积等原因而成假杂基状。其余组分为泥质，由黏土矿物，如高岭石、水云母等组成。一些黏土矿物已变成绢云母或细小的白云母，后者呈显微片状，具较鲜艳的干涉色，同时见有一组极完全的解理，定名为粉砂质泥岩（图f2-0-3）。

图 f2-0-3 H193②：5 残石犁显微照片

a、c 对应 b、d，分别在单偏光和正交偏光下观察；图中灰色灰白色的颗粒为粉砂级石英和长石颗粒，其余为黏土矿物，c 图和 d 图中为较大的白云母片

3. 硅质岩

硅质岩也常和泥岩过渡，构成泥质硅质岩或硅质泥岩。这一类石料常呈灰黑色、灰色、浅灰色、浅灰白色等，质地细腻，坚硬，常有粗细不等的层理构造。这类石料常用来制作石镞等。以 T1001⑤C：20 残石器为例。石器呈灰黑色，隐晶质结构，较致密坚硬，具不明显的层理构造，主要由泥质硅质组成。显微镜下观察，它们呈显微粒状结构，绝大部分颗粒粒径在 0.025 毫米±，个别达 0.05 毫米。主要由石英小颗粒及黏土类矿物组成，以前者为主。石英小颗粒在单偏光镜下，呈无色，突起正低，在正交偏光镜下，它们都呈灰—灰白的干涉色。石英颗粒之间，见不到明显的颗粒界线，因此，推测它们可能由原来的硅质组分重结晶而成。泥质组分在单偏光镜下呈黑色或浅黄色，分散状，正交偏光镜下，干涉色也很低，因此它们可能是一些炭质和高岭石等细小的微晶黏土矿物，定名为泥质硅质岩（图f2-0-4）。

图 f2-0-4 T1001⑤C：20 残石器的显微照片

a 和 b 为相同部位，分别在单偏光和正交偏光下观察

（三） 变质岩类

钱山漾遗址出土石器中，石料是变质岩的也为数不少，包括经轻微变质的斑点板岩、经动力变质的糜棱岩、千枚岩等。

1. 斑点板岩

这类石器石料，大多呈黑色、灰黑色，风化面呈土黄色。它们的共同特点，就是具有斑点构造。斑点含量 10% ～ 40%，呈白色，粒径小于 1 毫米，分布于致密的黑色的基质中。有的石料，具有变余层理构造，表明它们是由泥质或粉砂质泥岩经轻微的接触变质所形成的。这种石料制成的石器有不少，如石斧（H139：4）、石斧（H48：1）和石戈（H94：2）等。

H139：4 石斧：石器呈灰色，带黑色"斑点"，略具变余层理构造。"斑点"粒径 ＜1 毫米，含量约 30% ～ 40%。显微镜下观察：变余泥质结构，显微鳞片变晶结构，斑点状构造。斑点为董青石等雏晶，它们在单偏光镜下，无色，透明，呈圆形和或近圆形为主，少量不规则形状，粒径 0.1 ～ 0.38 毫米，常含一些细小的甚至粉末状碳泥质或铁质包裹体；在正交偏光镜下，呈 I 级灰—灰白的干涉色，但消光和干涉色不均匀，其边部含干涉色更低的同类物质，有的似乎具三连晶的特征，故定为董青石雏晶（图 f2-0-5）。

变晶基质的成分为绢云母和黑云母，它们都呈显微鳞片状，绢云母的含量略多于黑云母。但黑云母的片径比绢云母的略大。在单偏光镜下，黑云母以具棕黄—淡黄的多色性区别于绢云母。在正交偏光镜下，绢云母呈织锦缎般干涉色，而黑云母因受其自身颜色影响，呈 II 级黄的干涉色。黑云母微晶和绢云母都略有定向，董青石雏晶的出现，表明该石器石料原为不纯的泥岩，经变质而形成，定名为董青石斑点板岩。

H48：1 石斧基本同 H139：4 石斧。灰色、灰黑色，带白色"斑点"，"斑点"粒径 ＜1 毫米，含量约 30% ～ 40%。显微镜下观察：变余泥质结构，显微鳞片变晶结构，斑点状构造。斑点为董青石等雏晶，它们在单偏光镜下，无色，透明，呈圆形和或近圆形为主，少量不规

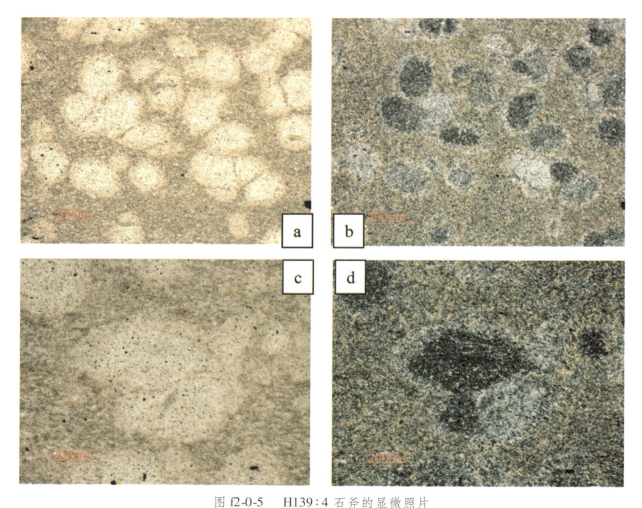

图 f2-0-5　　H139：4 石斧的显微照片

a、c 对应 b、d，分别在单偏光和正交偏光下观察；a 和 c，b 和 d 的放大比例不同，但都显示灰色和灰黑色的斑点

则形状，粒径 0.2～0.38 毫米，常含一些细小的甚至粉末状碳泥质或铁质包裹体，有的似乎具三连晶的特征。变晶基质的成分为黑云母和绢云母，它们都呈显微鳞片状，黑云母的含量略多于绢云母，而且黑云母的片径比绢云母的略大。在单偏光镜下，黑云母以具棕黄—淡黄的多色性区别于绢云母。在正交偏光镜下，绢云母呈织锦缎般干涉色，而黑云母因受其自身颜色影响，呈 Ⅱ 级黄的干涉色。与 H139：4 的区别，在于该石料中黑云母和绢云母微晶定向性不强，因此呈现块状构造。但它们的石料都为不纯的泥岩，经变质而形成。定名为堇青石斑点板岩（图 f2-0-6）

　　H94：2 石戈，灰黄色，见有白色斑点。斑点粒径＜1 毫米，含量约 30%～40%。显微镜下观察到该石器的石料与上述 H139：4 石斧的石料不同。它们也呈斑状变晶结构，基质具显微鳞片变晶结构，斑点状构造。但变斑晶的总量约 60%～70% 左右，成分为堇青石和红柱石（空晶石），堇青石呈近圆形或不规则形状，粒径 0.1～0.2 毫米，含一些细小的甚至粉末状碳泥质包裹体；其边部含干涉色更低的同类物质，构成环状，有的似乎具三连晶的特征。红柱石含量约 10%，在单偏光镜下，无色，多呈长柱状，柱长通常小于 0.25 毫、宽约 0.05 毫米，

图 f2-0-6　H48∶1 石斧的显微照片

a 和 b 分别在单偏光和正交偏光下观察；图 a 中白色和图 b 中灰白色、灰色的圆形或不规则形颗粒即为董青石雏晶，变晶基质由细小的黑云母组成

含较多的泥质包裹体，使其看起来呈灰色、深灰色；正交偏光镜下，红柱石的干涉色 I 级灰，近平行消光。变晶基质的成分为绢云母和黑云母，绢云母的含量略多于黑云母。但黑云母的片径比绢云母的略大。薄片中还见有少量粉砂级石英和长石碎屑以及黑色的铁质矿物，定名为红柱石董青石斑点板岩（图 f2-0-7）。

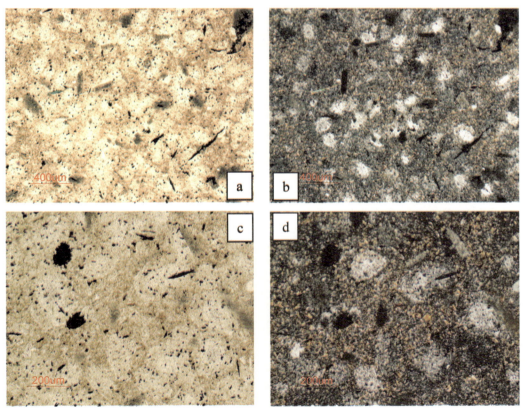

图 f2-0-7　H94∶2 石戈的显微照片

a、c 对应 b、d，分别在单偏光和正交偏光下观察；a 和 c、b 和 d 的放大比例不同，但都显示灰色和灰黑色的斑点

2. 千枚岩

灰色，灰白色，新鲜面为灰黑色，具千枚理状构造。以 H52∶3 石锛为代表。显微镜下观察，石料呈显微鳞片纤状变晶结构，千枚状构造，变余层理构造。主要由细小的绿泥石、角闪石等颗粒组成，含约 5%～10% 的铁质和少量石英、长石和绢云母。绿泥石呈细小的鳞片状，具弱的淡绿—淡黄的多色性，正突起低，干涉色Ⅰ级灰白。角闪石呈细小的柱状，长径一般小于 1 毫米，具淡绿—淡黄的多色性，柱面上可见一组完全解理，斜消光，消光角小于 20°，最高干涉色为Ⅰ级紫红色，应属角闪石组矿物中的阳起石。个别角闪石颗粒较大，片径可达（1.1～1.2）毫米×（0.5～0.7）毫米，呈变斑晶状。以上绿泥石和角闪石都呈定向排列，构成千枚状构造。石料中还见有一些绢云母、石英、长石小颗粒（粒径 0.025～0.05 毫米），反映出其石料的原岩为不纯的粉砂质泥质，千枚状构造即在原层理构造上进一步发展而成（图 f2-0-8）。

图 f2-0-8　H52∶3 石锛的显微照片

a、c 对应 b、d，分别在单偏光和正交偏光下观察；d 图中较大的黄色颗粒为定向的角

3. 糜棱岩

这种石料制成的石器，出土于钱山漾一期文化遗存。以 T04⑦A∶14 石锛为典型。该石器新鲜断面呈黑色，风化表面呈灰色、灰白色。矿物颗粒很细，主要见有白色的长石，但破碎，且成带状分布，具糜棱结构和塑变流动构造。石料主要由长石和角闪石组成。长石含量约 40% 左右，它们呈板状，颗粒大小不一，粒径 0.25~0.5 毫米左右，低正突起，干涉色Ⅰ级灰白，部分可见卡—钠复合律双晶，应属斜长石，但普遍被破碎，并遭绢云母化和黝廉石化。角闪石含量约 50% 左右，呈柱状或团块状产出，粒径与斜长石的相仿，具淡绿—淡黄的多色性，柱面上可见一组完全解理，斜消光，消光角小于 20°，最高干涉色为Ⅰ级紫红色，应属普通角闪石。角闪石也受动力变质影响，而出现不均匀消光、亚颗粒等现象，并遭绿泥石化。角闪石等定向排列，构成塑变流动带状构造。石料中，还见有 5%~10% 的铁质矿物。由长石和角闪石的破碎变形、塑变流动构造，说明石料原岩受到韧性动力变质作用。定名为斜长角闪岩质糜棱岩（图 f2-0-9）。

图 f2-0-9　T04⑦A∶14 石锛的显微照片

a、c 对应 b、d，分别在单偏光和正交偏光下观察；b 图和 d 图中灰色、灰白色的破碎状斜长石，而黄色为角闪石

表 f2-0-1　钱山漾一期文化遗存石器岩性鉴定表（114 件）

编号	石器名称	岩性鉴定	定名	备注
G12：1	石镞	深灰色，表面光滑，断面略显粗糙，具层理构造，层理厚度不一，主体层厚大于 1.5 厘米，小的层厚小于 1 毫米	粉砂质泥岩	石镞斜切层理
T0902⑩：11	石镞	深灰色，岩性同上，但不具层理构造	粉砂质泥岩	
T02⑨A：11	石镞			
T0901⑫：31	石镞			
T03⑦A：5	石镞			
T1103⑦B：4	石镞			
T0901⑦B：16	石镞			
T03⑧：9	石镞			
T1001⑨A：25	石镞			
T0802⑦B：15	石镞			
T0804⑩：1	石刀			
T0902⑩：12	石锛			
T01⑦B：10	石镞	浅灰绿色，表面光滑，断面略显粗糙	粉砂质泥岩	
T0802⑬：12	石镞			
T03⑨A：11	石镞			
T01⑦A：8	石镞			
T1102⑦B：10	石镞			
T1101⑦B：107	石镞			
T0901⑦B：18	石镞			
T1001⑦B：141	石镞半成品			
T03⑦A：8	石镞	浅灰绿色，风化较强	粉砂质泥岩	
T01⑦B：12	石刀	灰色，质地较坚硬致密，含石英等细粉砂	粉砂质泥岩	
T0904⑩：15	石刀	浅灰色，带紫色调。主要由粉砂质和泥质组成。	粉砂质泥岩	
T0902⑦B：6	石锛	浅灰色，带紫色调，具层理构造，层厚约 1.5 厘米。主要由粉砂质和泥质组成。	粉砂质泥岩	
T07⑫：10	石锛	浅灰白色，具水平层理构造，细层≤1 毫米，主要由细的粉砂质泥质组成。	粉砂质泥岩	
T0903⑧：8	砺石	灰色，岩石比较致密，具水平层理构造，由高岭石等黏土矿物组成	粉砂质泥岩	
Q2：1	石锛	灰白色，质轻，Q2：1 见不明显的层理。粉砂—泥质结构，含大量高岭土，粘舌，见有少量（小于 10%）的石英砂级颗粒	粉砂质泥岩	
Q3：1	石锛			
T1101⑧：24	石锛			
Q2：22	石锛			

续表 f2-0-1

编号	石器名称	岩性鉴定	定名	备注
Q2：26	石锛		粉砂质泥岩	
Q2：10	石锛			
T1001⑧：42	石凿			
T0903⑧：10	石凿			
T05⑫：3	石刀		泥质粉砂岩	
T1001⑨A：26	石锛			
T0902⑩：9	石镞	灰黑色，质地较粗糙	泥质粉砂岩	
T0902⑩：10	石镞			
T0802⑦B：45	石镞			
T0901⑨A：27	石犁残片	表面呈灰色，新鲜断面呈黑色，较粗糙	泥质粉砂岩	
T0801⑧：16	石犁残片	浅灰—灰色，具层理构造，表面光滑，沿层面较为粗糙	泥质粉砂岩	
T04⑦B：17	石矛			
Q2：11	石刀			
Q1：2	石刀			
T0801⑧：17	石刀			
Q2：7	石刀			
T0802⑦B：6	石犁首	黑色，具层理构造，表面光滑，沿层面较为粗糙	泥质粉砂岩	
Q3：3	石犁残片	表面呈灰色。粉砂状—砂状结构，砂级碎屑含量约60%左右，其成分主要是石英，胶结物为泥质	泥质粉砂岩	
Q3：8	石犁残片			
T0903⑦B：5	石刀			
T02⑨A：65	石犁残片	灰黑色，具层理构造，层厚1~2毫米	泥质粉砂岩	
T0904⑩：13	石犁残片			
T01⑫：14	石犁残片			
T0903⑪：26	残石器			
T01⑧：9	砺石	灰色，火山凝灰结构，可见约10%的长石等晶屑，其粒径约1~2毫米。其余由火山灰等物质组成	泥质粉砂岩	
T1003⑩：8	石锛	灰黑色，质地坚硬，平行层理构造，细层小于1毫米	硅质泥岩	平行层理切制
T1002⑦B：9	残石器			
Q1：9	石锛	浅灰色，带紫色调。具水平层理，细层厚度从1毫米到5毫米不等，主要由泥质组成，但较坚硬	硅质泥岩	
Q3：6	石锛			
T1102⑦B：5	石锛			

续表 f2-0-1

编号	石器名称	岩性鉴定	定名	备注
T01⑫：15	石锛	浅灰白色，带紫色调，发育水平层理，细层≤1毫米，岩石较为坚硬致密	硅质泥岩	石器正面加工垂直层理
T04⑫：18	石锛	浅灰白色，带紫色调，岩石较为坚硬致密	硅质泥岩	
T0803⑪：8	石锛	浅灰白色，带紫色调，发育水平层理，细层≤1毫米，岩石较为坚硬致密	硅质泥岩	石器正面加工斜交层理
T0904⑩：8	砺石			
T0903⑦B：1	石锛	表面色杂，内部呈灰黑色，具细层理，岩石较为坚硬	硅质泥岩	
T0901⑨A：26	石锛	浅灰色，具水平层理构造，细层≤1毫米，岩石较为坚硬致密	硅质泥岩	石器正面加工垂直层理
T1103⑦B：5	石锛			
T0802⑦B：11	石锛	灰色，带紫色调，细腻致密，质地较为坚硬	硅质泥岩	
T0801⑧：18	小石器	灰黑色，致密细腻，质地较坚硬	硅质泥岩	
T0903⑧：7	小石器			
H170：4	石钺	灰黑色，质地坚硬，可见层理，见有平行的稀疏层理，层的厚度大于1厘米以上	泥质硅质岩	
T0803⑪：7	石锛	黑色，坚硬致密	泥质硅质岩	
H170：5	砺石	灰白色，具水平层理，层理厚度小于1毫米。粘舌，说明它们主要由高岭石组成	泥岩	
T07⑦B：7	石锛			
T0903⑪：12	石犁首	灰黑色，粉砂状—砂状结构，可见不明显的层理构造，碎屑含量约60%左右，其成分主要是石英，但见有较大的长石碎屑，可能为原来火山喷发时的长石晶屑，其余为为泥质和粉砂质杂基	细砂岩	
T0801⑧：15	石犁残片			
T0802⑬：48	石犁			
Q1：4	石刀	灰色，新鲜断面呈黑色。表面光滑，断面较粗糙	泥质细砂岩	
Q1：5	石刀			
T07⑧：9	砺石	灰白色，砂状结构，碎屑含量大于90%，主要由石英组成，粒径在0.5毫米之间，由泥质胶结	石英细砂岩	

续表 f2-0-1

编号	石器名称	岩性鉴定	定名	备注
T0801⑦B：37	砺石	浅红—紫红色。岩性鉴定见报告正文	长石岩屑石英细砂岩	薄片鉴定（T1103⑦B：20）
T04⑦A：23	砺石			
T07⑦B：6	砺石			
T1103⑦B：20	砺石			
T0903⑦B：4	砺石			
T0902⑩：47	砺石			
T0801⑦B：14	石犁残片	浅灰色，夹红色薄层。浅灰色部分，为细砂岩，具砂状结构，碎屑粒级小于1毫米，主要成分为石英，少量长石，杂基胶结。红色薄层为泥质，层厚约1毫米	泥质砂岩	
T1001⑧：142	砺石	浅灰白色，砂状结构，块状构造。碎屑含量约85%，主要为为石英和长石，碎屑呈次圆—次棱角状	长石杂砂岩	
T04⑬：19	砺石			
T04⑦A：15	砺石	灰白色，带紫色调，砂状结构，碎屑含量大于80%，主要由长石和石英组成，粒径在1~0.5毫米之间，由泥质胶结	长石杂砂岩	
T0901⑦B：104	砺石			
T1001⑨B：29	砺石	灰绿色，砂状结构，碎屑粒径0.5~1毫米，成分主要为石英，含一些长石，总含量约85%。胶结物泥质，可能有绿泥石，导致岩石颜色发绿色	长石石英杂砂岩	
T0901⑦B：105	砺石	灰白色，砂状结构，块状构造。由碎屑和胶结物两部分组成。碎屑含量约80%以上，主要成分为长石和石英，粒径小于0.5毫米，分选性较好，胶结物为泥质	石英长石杂砂岩	
T0903⑦B：6	砺石			
T0801⑦B：38	砺石			
G12：4	石球	灰色	石英长石杂砂岩	
T1101⑧：22	石锛	灰黑色，砂状结构，可见石英碎屑等，粒径约小于0.5毫米，含量约大于50%	泥质杂砂岩	
Q2：18	石刀	灰黑色，表面具斑点状构造，斑点呈白色，粒径小于1毫米	堇青石斑点板岩	
T04⑦A：20	残石器			
T0901⑧：22	带柄石器	岩石性质类似 Q2：18 和 T04⑦A：20。但该石器表面具有不连续的层理构造，层厚0.5~1厘米	堇青石斑点板岩	
T0903⑩：9	小石器	以黑色为主，岩性坚硬致密，应为泥质硅质岩。但在其间，含一层有较多的红柱石，呈柱状，肉红色，横断面为四边形，应为泥质层受热变质造成	红柱石板岩	

续表 f2-0-1

编号	石器名称	岩性鉴定	定名	备注
Q2：6	石锛	灰色、灰黑色或灰绿色，糜棱结构，塑变带状构造，主要有变形的斜长石和角闪石等组成	斜长角闪质糜棱岩	薄片鉴定（T04⑦A：14）
T04⑦A：14	石锛			
Q3：2	石凿			
Q2：12	石锛			
T0903⑩：11	石锛			
T0902⑦B：5	石锛			
T0902⑩：8	石锛	灰绿色，纤维鳞片变晶结构，变余层理构造，千枚状构造。主要由绿泥石、绢云母等组成。在放大镜下，见少量无色的石英颗粒，原岩为粉砂质泥岩	千枚岩	
T0802⑧：46	石锛			
T0904⑩：14	石锛	表面杂色，新鲜断面黑色	千枚岩	
T0902⑧：7	石锛			
T0901⑦B：106	残石钺	灰色。岩性鉴定见报告正文	晶屑凝灰岩	
Q1：10	石镞	肉红色，凝灰结构，见少量细粒级（粒径1毫米）长石晶屑	玻屑凝灰岩	T0904⑩：16风化较强
T0904⑩：16	石锛			

表 f2-0-2　钱山漾二期文化遗存石器岩性鉴定表（36件）

编号	石器名称	岩性鉴定	定名	备注
T1001⑥C：30	石刀	灰黑色，粉砂质泥质结构，具不明显的层理构造，主要由泥质组成，含少量粉砂质，手感较粗	粉砂质泥岩	
H139：3	石刀	灰黑色	粉砂质泥岩	
T1103⑥C：19	残石器	灰黑色	粉砂质泥岩	
T0901⑥C：15	石刀	灰黑色	粉砂质泥岩	
T0802⑥C：43	石刀	灰黑色。基本同H46：3	粉砂质泥岩	
T1003⑥A：3	砺石	浅灰色，泥质结构，主要由黏土类矿物组成，但含少量的粉砂质碎屑	泥质粉砂岩	
T0403⑥：22	石犁残片	黑色。基本同H46：3	泥质粉砂岩	
T0403⑦：39	残石犁	黑色。基本同H46：3	泥质粉砂岩	
F3：3	石刀	黑色。基本同H46：3	泥质粉砂岩	
T1102⑥B：9	石料	灰黑色，粉砂质泥质结构，具层理构造	泥质粉砂岩	
T1001⑤C：54	石锛	灰黑色，质地细腻，较为坚硬，隐晶质—泥质结构，具不明显的层理，主要由硅质和泥质组成	硅质泥岩	
T0901⑥B：14	石锛	灰黑色。同T1001⑤C：54	硅质泥岩	平行层理

续表 f2-0-2

编号	石器名称	岩性鉴定	定名	备注
H137∶1	石镞	灰绿色，质地细腻，泥质结构，主要由泥质组成	硅质泥岩	
F3∶5	石镞	灰黑色，隐晶质—泥质结构，主要由硅质和碳泥质组成	硅质泥质岩	
T1001⑥C∶34	石锛	浅灰白色。隐晶质—泥质结构，具水平层理构造，层理厚度1~3毫米。较厚的层质地较硬，主要由硅质组成；而薄层者质地较软，主要由黏土类高岭石等组成	泥质硅质岩	横切层理
T1001⑥C∶33	石锛	浅灰白色。由硅质和泥质互层组成，层厚1~1.5毫米。硅质层稍硬，颜色略深，而泥质层稍软，颜色较浅，主要由高岭石的黏土组成。基本同157∶3	泥质硅质岩	平行层理
H133∶3	石锛	深灰色	泥质硅质岩	平行层理
T1001⑤C∶20	残石器	灰黑色。岩性鉴定见报告正文	泥质硅质岩	薄片鉴定
T0403⑦∶23	石镞	浅灰色，泥质结构，由黏土类矿物组成，质地细腻	泥岩	
T0801⑥C∶12	石镞	灰黑色，泥质结构，主要由碳泥质组成	泥岩	
T1003⑥A∶5	石镞	灰黑色，泥质结构，主要由碳泥质组成	泥质岩	
T1003⑥A∶6	石镞	灰黑色	泥质岩	
T0902⑤A∶3	石镞	灰黑色	泥质岩	
T0903⑥A∶2	砺石	深灰色，砂状结构，块状构造。碎屑粒径1毫米左右，主要成分为石英、长石和岩屑，含量80%，由黏土类胶结	岩屑长石细杂砂岩	
T0803⑥A∶6	砺石	深灰色	岩屑长石细杂砂岩	
T1102⑥B∶28	砺石	灰色	岩屑长石杂砂岩	
T0802⑥C∶44	砺石	灰色	岩屑长石杂砂岩	
T1102⑥B∶29	砺石	土灰色	岩屑长石杂砂岩	
T0801⑥C∶36	残石犁	紫灰色	长石杂砂岩	
T1001⑥C∶140	砺石	土灰色	长石杂砂岩	
T0801⑥C∶35	砺石	紫红色。岩性鉴定见报告正文	长石杂砂岩	薄片鉴定

续表 f2-0-2

编号	石器名称	岩性鉴定	定名	备注
T0904⑥A：31	石刀	黑色，见有白色斑点。斑点粒径＜1毫米，含量约30%，可能为堇青石，其余为碳泥质。类似G4①：8	堇青石斑点板岩	
T0403⑦：24	石锛	黑色。类似H186②：3	堇青石斑点板岩	
H139：4	石斧	灰色，带黑色"斑点"。岩性鉴定见报告正文	堇青石斑点板岩	薄片鉴定
T1102⑥C：30	残石器	灰色，带黑色"斑点"	堇青石斑点板岩	
H147：1	砺石	土灰色	岩屑长石杂砂岩	

表 f2-0-3　马桥文化石器岩性鉴定表（192件）

编号	石器名称	岩性鉴定	定名	备注
T02④B：5	石锛	浅灰白色，泥质结构，块状构造，隐约可见层理，含约1%~3%的石英等细粉砂（粒径＜0.01毫米）主要由高岭石等黏土矿物组成	粉砂质泥岩	
H89：1	石锛	同T02④B：5	粉砂质泥岩	
T0801④B：19	石锛	同T02④B：5	粉砂质泥岩	
H157：6	石锛	浅灰色	粉砂质泥岩	平行层理，泥化
H107：6	石锛	浅灰色	粉砂质泥岩	
H75②：1	石锛	浅灰色	粉砂质泥岩	平行层理，泥化
T08③：2	石锛	浅灰白色，可见水平层理，但在石器表面，见细的似角砾状构或碎裂状，"碎粒"粒径2~3毫米，不规则形状，颜色略浅，呈浅灰白色，被颜色略深的条带状物质所胶结	碎裂状粉砂质泥岩	
T0901④A：12	残石器	灰黑色，粉砂质—泥质结构，手感较粗，具不明显的层理构造，主要由碳泥质组成，含少量的细粉砂质	粉砂质泥岩	
H98：2	石镰	灰黑色。同T0901④A：12	粉砂质泥岩	平行层理
T1001④A：9	石犁残片	灰黑色。同T0901④A：12	粉砂质泥岩	
H148①：1	石镞	浅紫红色	粉砂质泥岩	
H125：8	石镞	灰黑色。同T0901④A：12	粉砂质泥岩	
H206②：19	残石器	灰黑色。同T0901④A：11	粉砂质泥岩	
H104：1	石刀	灰黑色，粉砂质泥质结构，具层理构造，主要由泥质组成，含少量粉砂质，手感较粗	粉砂质泥岩	
H79：2	石刀	灰黑色	粉砂质泥岩	
H179：1	石刀	灰黑色	粉砂质泥岩	

续表 f2-0-3

编号	石器名称	岩性鉴定	定名	备注
H200：7	石锛	灰黑色，粉砂质泥质结构，质地较为坚硬，主要由碳泥质和硅质组成，含长石石英粉砂	粉砂质泥岩	
H201④：6	石刀	灰色	粉砂质泥岩	
T03④A：2	石刀	灰黑色	粉砂质泥岩	
H206①：10	石刀	灰黑色	粉砂质泥岩	
H203：11	石刀	灰黑色	粉砂质泥岩	
H102⑨：7	石刀	灰黑色	粉砂质泥岩	
H193②：5	残石犁	黑色。岩性鉴定见报告正文	粉砂质泥岩	薄片鉴定
H70①：10	石镰	灰黑色	粉砂质泥岩	
T02④B：6	石矛	灰黑色	粉砂质泥岩	
H97②：3	石锛	浅灰色	粉砂质泥质岩	平行层理，泥化
H182②：2	石锛	浅灰色，粉砂质—泥质结构，具不清楚的水平层理构造，由石英质粉砂和泥质互层组成，层厚 1～1.5 毫米	粉砂质泥质岩	平行层理，泥化
H188①：2	石刀	灰黑色，粉砂质泥质结构，主要由泥质组成，粉砂质，手感较粗	泥质粉砂岩	
J8①：1	残石犁	灰黑色	泥质粉砂岩	
T02④B：8	石镰	灰黑色	泥质粉砂岩	
T02④A：4	圭形器	灰黑色	泥质粉砂岩	
H209①：1	石镰	灰黑色	泥质粉砂岩	
H46：3	石犁残片	灰黑色，粉砂质泥质结构，具不明显的层理构造，主要由泥质组成，含少量粉砂质，手感较粗	泥质粉砂岩	
H198：1	石刀	灰黑色。基本同 H46：3	泥质粉砂岩	
H125：5	残石刀	灰黑色。基本同 H46：3	泥质粉砂岩	
T0901④A：7	石刀	灰黑色。基本同 H46：3	泥质粉砂岩	
H26：3	石刀	灰黑色。基本同 H46：3	泥质粉砂岩	
H206①：23	石刀	灰黑色。基本同 H46：3	泥质粉砂岩	
H75②：10	石刀	灰黑色。基本同 H46：3	泥质粉砂岩	
T0902④A：2	犁首	灰黑色。基本同 H46：3	泥质粉砂岩	
T0901④A：2	石犁残片	灰黑色。基本同 H46：3	泥质粉砂岩	
H195①：2	石刀	灰黑色。基本同 H46：3	泥质粉砂岩	
T0901④A：8	石刀	灰黑色。基本同 H46：3	泥质粉砂岩	
H8：15	石刀	灰黑色。基本同 H46：3	泥质粉砂岩	

续表 f2-0-3

编号	石器名称	岩性鉴定	定名	备注
H96∶2	残石器	灰黑色。基本同 H46∶3	泥质粉砂岩	
J9①∶4	石刀	灰黑色。基本同 H46∶3	泥质粉砂岩	
H75②∶5	残石刀	灰黑色。基本同 H46∶3	泥质粉砂岩	
H217①∶1	石刀	灰黑色。基本同 H46∶3	泥质粉砂岩	
H206②∶60	石刀	灰黑色	泥质粉砂岩	
H187∶2	石镰	灰黑色	泥质粉砂岩	
T1002④B∶3	犁首	灰黑色	泥质粉砂岩	
T1101④A∶11	犁首	灰黑色	泥质粉砂岩	
H75②∶9	残石犁	灰黑色	泥质粉砂岩	
T1101④A∶13	犁首	灰黑色	泥质粉砂岩	
T01④A∶6	犁首	灰黑色	泥质粉砂岩	
H217①∶7	石刀半成品	灰黑色	泥质粉砂岩	
H77∶3	石坯料	灰黑色	泥质粉砂岩	
H201①∶2	残石器	灰黑色	泥质粉砂岩	
T1102④B∶4	双肩石器	灰黑色	泥质粉砂岩	
H148①∶2	石犁残片	灰黑色	泥质粉砂岩	
T0901④A∶3	犁首	黑色	泥质粉砂岩	
H21∶1	石镰半成品	灰黑色	泥质粉砂岩	平行层面
J8④∶6	石犁残片	灰黑色	泥质粉砂岩	
T02④B∶7	石镰	灰黑色	泥质粉砂岩	
H188①∶5	石犁残片	灰黑色	泥质粉砂岩	
T1101④B∶32	石犁残片	灰黑色	泥质粉砂岩	
H26∶19	石犁残片	灰黑色	泥质粉砂岩	
H76∶2	石坯料	灰黑色	泥质粉砂岩	
J8②∶5	石犁残片	黑色	泥质粉砂岩	
H70①∶1	残石犁	灰黑色	泥质粉砂岩	
T0801④B∶11	残石犁	灰黑色	泥质粉砂岩	
H193②∶13	石锛	黑色，质地细腻坚硬，主要由硅质组成，含少量碳泥质	泥质粉砂岩	
T0503④∶43	石刀	灰黑色	泥质粉砂岩	
T1102④B∶14	石刀	灰黑色	泥质粉砂岩	
H76∶3	石刀	黑色。基本同 H46∶3	泥质粉砂岩	
H14∶1	石刀	灰黑色。基本同 H46∶3	泥质粉砂岩	

续表 f2-0-3

编号	石器名称	岩性鉴定	定名	备注
H166∶1	石锛	浅灰白色，隐晶质—泥质结构，具水平层理构造，层理厚度1~2毫米，由含泥硅质层和泥质层组成，以后者为主，质地较软。其结构基本同H193①∶2	硅质泥岩	平行层理
T07④A∶2	石锛	灰白色，具水平层理，层厚≤1毫米。石器上见一些硅质的细脉，它不规则地斜切微层理，主要由泥质组成，可能含钙质	硅质泥岩	平行层理
H193①∶1	石锛	浅灰白色，隐晶质—泥质结构，具水平层理构造，由硅质和泥质互层组成。硅质层稍硬，颜色略深，层厚较薄，约1毫米±；而泥质层质地稍软，颜色较浅，层厚1~4毫米。主要由高岭石的黏土组成	硅质泥岩	平行层理
H196①∶2	石凿	浅灰白色	硅质泥岩	平行层理
H8∶6	石镞	浅灰色，泥质结构，块状构造，主要由黏土矿物组成	硅质泥岩	
H30①∶2	残石器	深灰色，泥质结构，见水平层理，主要由碳泥质组成	硅质泥岩	平行层理
H176∶1	石锛	灰黑色，质地细腻，较为坚硬，隐晶质—泥质结构，具不明显的层理，主要由硅质和泥质组成	硅质泥岩	
H163①∶3	石锛	土灰色	硅质泥岩	平行层理
G4②∶11	石锛	土灰色	硅质泥岩	平行层理
H114∶2	石锛	灰色	硅质泥岩	平行层理
H193②∶6	石镞	灰黑色	硅质泥岩	
H186②∶2	石镞	黑色	硅质泥岩	
H208∶2	石镞	黑色，隐晶质、泥质结构，质地较为坚硬，由硅质和碳泥质组成。同H186②∶2	硅质泥岩	
H125∶6	石刀	黑色，隐晶质、泥质结构，质地较为坚硬由硅质和碳泥质组成	硅质泥岩	
H148①∶6	石斧	浅灰白色，隐晶质—泥质结构，具水平层理构造，由硅质和泥质互层组成，层厚1~1.5毫米。硅质层稍硬，颜色略深，而泥质层稍软，颜色较浅，主要由高岭石的黏土组成	硅质泥质岩	横切层理
H200∶8	石锛	浅灰白色	硅质泥质岩	横切层理
G7∶1	石锛	浅灰白色	硅质泥质岩	横切层理

续表 f2-0-3

编号	石器名称	岩性鉴定	定名	备注
H163①:4	石锛	浅灰白色	硅质泥质岩	垂直层理
H94:1	石锛	浅灰白色。基本同157:3	硅质泥质岩	垂直层理
H188①:4	石锛	浅灰白色	硅质泥质岩	平行层理
H204①:5	石锛	浅灰白色。同94:1	硅质泥质岩	斜交层理
H199①:2	石锛	浅灰白色，隐晶质—泥质结构，具水平层理构造，层理厚度1~3毫米。较厚的层质地较硬，主要由硅质组成；而薄层者，质地较软，主要由黏土类高岭石等组成	泥质硅质岩	横切层理
H157:3	石锛	浅灰白色	泥质硅质岩	大面垂直层理
T1001④B:5	石锛	灰白色	泥质硅质岩	大面垂直层理
T1001④B:14	石锛	浅灰白色	泥质硅质岩	平行层理
T0904④B:7	石锛	深灰色，泥质—隐晶质结构，具水平层理构造，层厚1~1.5毫米。主要由硅质组成，质地坚硬，夹薄的泥质层	泥质硅质页岩	横切层理
H80②:13	石锛	断面灰黑色，表面深灰色，泥质—隐晶质结构，具不明显的水平层理构造，主要由硅质组成，质地坚硬，夹薄的泥质层	泥质硅质岩	近平行层理
J10④:3	石镞	灰黑色	泥质硅质岩	
H125:2	石戈	灰黑色	泥质硅质岩	
H70①:4	石锛	灰黑色，隐晶质，断口处可见细密层理，质地坚硬，主要由硅质组成，含少量泥质	泥质硅质岩	
J9②:1	石锛	浅灰白色，可见水平层理，但在石器的一表面，见细的似角砾状构或碎裂状，类似T08③:2	泥岩	垂直层理
G11:2	石锛	浅灰白色	泥岩	平行层理
H175:2	残石器	灰黑色，泥质结构，由黏土类矿物组成	泥岩	
T01④A:7	石镞	灰黑色。同H175:2	泥岩	
T1002④B:4	石镞	灰黑色。同H175:2	泥岩	
T1001④B:56	石镞	灰黑色。同H175:2	泥岩	
H75②:4	石矛	灰黑色。同H175:2	泥岩	
H207:3	石镞	紫红色。其他同H175:2	泥岩	
H26:18	石镞	深灰色。其他同H175:2	泥岩	
T1001④B:12	石镞	灰色，泥质结构，由黏土类矿物组成	泥岩	

续表 f2-0-3

编号	石器名称	岩性鉴定	定名	备注
H209①:2	残石器	土灰色	泥岩	平行层理
T1102④B:13	石镞	灰黑色,质地细腻,泥质结构,主要由泥质组成	泥岩	
T1002④B:6	石镞	灰黑色	泥岩	
T0503④:6	石镞	灰绿色	泥岩	
H201④:7	石镞	灰黑色	泥岩	
H206①:22	石镞	灰黑色	泥岩	
H10:4	石镞	灰黑色	泥岩	
H26:16	石镞	灰绿色	泥岩	
H204①:3	石镞	灰黑色	泥岩	
H22:1	石镞	灰黑色	泥岩	
H80②:14	石镞	灰黑色。同 T1003④A:5	泥岩	
H101③:2	石镞	灰黑色。同 T1003④A:5	泥岩	
H106:1	石镞	灰黑色。同 T1003④A:5	泥岩	
T1001④B:7	石镞	灰黑色。同 T1003④A:5	泥岩	
H67①:1	石镞	灰黑色,泥质结构,主要由碳泥质组成。同 T1003④A:5	泥岩	
T0904④B:5	石镞	灰黑色。同 T1003④A:5	泥岩	
T0403④:2	石锛	灰色,具不明显的页理。主要由黏土类矿物组成	泥岩	
H182②:3	石锛	表面土黄色,新鲜时灰黑色,泥质结构,略具层理构造,主要由黏土矿物组成	泥岩	
H26:2	石锛	表面土黄色,新鲜时灰黑色。同 H182②:3	泥岩	
T1101④A:12	石锛	灰黑色,泥质结构,主要由碳泥质组成	泥岩	
T1001④A:6	石镞	灰黑色	泥岩	
J9③:3	石锛	浅灰白色,隐晶质—泥质结构,具水平层理构造,层理厚度 1~3 毫米。较厚的层质地较硬,主要由硅质组成;而薄层者,质地较软,主要由黏土类高岭石等组成	泥质岩	大面垂直层理
T0901④A:11	石凿	浅灰色,隐晶质结构,具质地坚硬,不清楚的层理。主要由硅质组成	硅质岩	
H182②:4	石锛	浅灰色	硅质岩	

续表 f2-0-3

编号	石器名称	岩性鉴定	定名	备注
H187：1	砺石	灰色，粗粒砂状结构，块状构造。碎屑粒径 1~1.5 毫米，主要成分为石英和长石，含量 80%，由黏土类杂基胶结	长石杂砂岩	
H206①：2	砺石	灰白色	长石杂砂岩	
T1101④A：9	砺石	紫红色	长石杂砂岩	
T0803④A：3	石斧	灰色	长石杂砂岩	
H34：6	砺石	灰色	长石杂砂岩	
T1101④A：10	石斧	灰色，砂状结构，碎屑主要由长石和石英组成，总含量 85% 以上，由黏土类泥质胶结	长石杂砂岩	
T04④A：22	双肩石器	灰色	长石杂砂岩	
H217①：8	砺石	浅红—紫红色，砂状结构，块状构造。由碎屑和胶结物两部分组成。碎屑含量约 80% 以上，主要成分为长石和石英，粒径小于 0.5 毫米，分选性较好，胶结物为泥质	长石杂砂岩	
H201①：9	石镞	紫红色	长石石英杂砂岩	
H148①：3	石刀	灰色，细砂状结构，具不明显层理。碎屑粒径 <1 毫米，主要成分为长石和岩屑，含量 60%，由黏土类杂基胶结	岩屑长石细杂砂岩	
T0503⑤：10	砺石	灰白色	岩屑长石细杂砂岩	
T02④B：17	砺石	灰色	岩屑长石杂砂岩	
T0403⑤：18	石刀	灰黑色	岩屑长石杂砂岩	
H125：4	砺石	灰红色	岩屑长石杂砂岩	
T1103④A：2	砺石	灰色	岩屑长石杂砂岩	
G4①：3	残石器	土灰色	岩屑长石杂砂岩	
H46：1	石斧	灰色	岩屑长石杂砂岩	
T1103④B：3	石锛	灰黑色，变余泥质结构，变余微层理构造，层理厚度 ≤1 毫米，具浅红色—无色小斑点，斑点成分为堇青石等矿物结合体，其余为碳泥质	斑点板岩	
H157：2	石斧	变余泥质结构，斑点状构造、变余层理构造，层厚 4~5 毫米。斑点呈灰白色，灰色，斑点粒径从小于 1 毫米，到 1~2 毫米，可能为堇青石等，其余为碳泥质，黑色。类似 T1103④B：3，但后者斑点呈灰红色	堇青石斑点板岩	

续表 f2-0-3

编号	石器名称	岩性鉴定	定名	备注
H102⑤:4	石镞	灰黄色，见有黑色斑点。斑点粒径≤1毫米，含量约30%，可能为堇青石，其余为碳泥质	堇青石斑点板岩	
H76:12	残石器	灰色，带黑色"斑点"	堇青石斑点板岩	
H217①:5	石刀	灰黑色。类似 G4①:8	堇青石斑点板岩	
H199①:2	石斧	黑色。类似 G4①:8	堇青石斑点板岩	
H48:6	残石器	新鲜断面黑色，表面灰黄色，见有黑色斑点	堇青石斑点板岩	
H70①:3	石镰	黑色，带白色斑点	堇青石斑点板岩	
T0904④B:4	石镰	灰黄色。类似 G4①:8	堇青石斑点板岩	
H30①:1	残石器	灰黄色。类似 G4①:8	堇青石斑点板岩	
H209①:5	石矛	黑色。类似 G4①:8	堇青石斑点板岩	
H186②:3	残石器	灰黑色。类似 G4①:8	堇青石斑点板岩	
T04④A:3	石犁	新鲜断面灰色，泥化面土灰色，黑色"斑点"	堇青石斑点板岩	
H180:2	残石器	新鲜断面灰色，泥化面土灰色，黑色"斑点"。	堇青石斑点板岩	
H76:9	石刀	新鲜断面灰黑色，泥化面土灰色	堇青石斑点板岩	
J8②:4	石镞	新鲜断面灰色，泥化面土灰色，黑色"斑点"	堇青石斑点板岩	
H26:5	石斧	灰黑色，见有白色斑点。斑点粒径＜1毫米，含量约30%，可能为堇青石，其余为碳泥质，有条黑色细脉穿切。类似 H209①:5	堇青石斑点板岩	
H56①:6	石刀	土灰色，见有黑色斑点	堇青石斑点板岩	
H48:1	石斧	黑白相间	堇青石斑点板岩	薄片鉴定
H48:3	残石器	灰色，带黑色"斑点"	堇青石斑点板岩	
H206①:3	双肩石器	灰黑色，见有白色斑点。类似 H209①:5	堇青石斑点板岩	
H89:8	双肩石器	灰黑色，见有白色斑点。类似 H209①:5	堇青石斑点板岩	
G4①:8	残石器	新鲜断面黑色，表面灰黄色，见有黑色斑点。斑点粒径1～1.5毫米，有的呈细小柱状，斑点的硬度较大，它突出在石器的表面，含量约30%，可能为堇青石和红柱石，其余为碳泥质	红柱石堇青石斑点板岩	
H94:2	石戈（？）	灰黄色，见有白色斑点。岩性鉴定见报告正文	红柱石堇青石斑点板岩	薄片鉴定
H102④:3	石刀	灰黑色，具白色斑点，斑点粒径小于1毫米，可能为堇青石，其余为碳泥质	堇青石板岩	

续表 f2-0-3

编号	石器名称	岩性鉴定	定名	备注
T0802④A：2	石锛	深灰黑色，显微鳞片变晶结构，千枚状构造，由绿泥石等组成，含少量无色或深色的石英的硅质组分，后者呈小透镜状	千枚岩	
T0901④B：5	石凿	灰黑色	千枚岩	
T0803④A：4	石锛	灰绿色	千枚岩	
H188①：7	残石器	灰绿色	千枚岩	
H198：2	石锛	灰绿色	千枚岩	
T0801④B：6	石镞	灰色	千枚岩	
H52：3	石锛	灰色，带黑色"斑点"。岩性鉴定见报告正文	千枚岩	薄片鉴定
T0403④：3	石斧	灰色，灰绿色，辉绿结构，块状构造，放大镜下，可见斜长石呈细条状，在其搭成的孔隙中，充填着粒状的黑色的颗粒，疑为绿泥石化辉石。偶见有斜长石斑晶	辉绿岩	
T04④A：12	石斧	黑白相间。岩性鉴定见报告正文	蚀变辉长辉绿岩	薄片鉴定
J10④：5	石球	浅肉红色。岩性鉴定见报告正文	花岗斑岩	

附录三

纺织品纤维测试报告

周 旸

（中国丝绸博物馆）

2012～2013 年，中国丝绸博物馆先后对钱山漾遗址第三、四次发掘出土纺织品的 2 件样品进行纤维测试，样品编号分别为 H108③：2 和 H199①：14，均属于马桥文化遗物。

一 样品

编织带残片 H108③：2　　　　　　　　　织物残片 H199①：14

二 分析方法与仪器

纤维测试的主要方法是形貌观察和氨基酸分析。

1. 形貌观察

在样品中拆分出经线和纬线，采用德国蔡司 SteREO Discovery V8 实体显微镜，观察纱线细度、纱线捻向、纱线组合，采集放大倍数为 10 倍到 80 倍的图像。

采用哈氏切片法制作经线和纬线的切片，使用小型切片机可制得厚度约为 20 微米的纤维切片。对于年代久远的纺织品，因其较脆弱，制作切片前需用固定剂进行包埋。

采用德国蔡司 Zeiss Scope A1 生物显微镜观察切片形貌，采集放大倍数为 1000 倍的图像。

2. 氨基酸测试

采用 Waters AccQ·Tag 氨基酸分析方法进行实验。称量毫克级的织物样品，放入水解试管，溶于 500 微升 6N HCl，后边抽真空边封试管口，将样品放于 110℃下水解 22 小时。水解后的样品用氮吹仪吹干， －20℃冷冻干燥保藏，直至色谱分析。样品在注射入色谱仪之前，用 Millipore 公司的 0.45 微米滤膜过滤，以除去其中的微粒杂质。用美国 Waters 公司产的氨基酸自动分析仪进行分离及检测。

色谱条件：氨基酸分析使用 C18 柱；柱温 37℃；检测器采用荧光检测器。

洗脱液 A – Waters AccQ·Tag 洗脱液 A；洗脱液 B – HPLC 级乙腈；洗脱液 C – Milli – Q 水，流速 1 毫升/分。

梯度表

时间（分）	流速（毫升/分）	A 液（%）	B 液（%）	C 液（%）	曲线
起始	1.0	100	0	0	
0.5	1.0	99	1	0	11
18	1.0	95	5	0	6
19	1.0	91	9	0	6
29.5	1.0	83	17	0	6
33	1.0	0	60	40	11
36	1.0	100	0	0	11
45	1.0	100	0	0	6

注：梯度运行时间为 45 分钟

三　测试结果

1. H108③：2 编织带残片

标本照片　　　　　　　　　　　　编织带（10 倍）

编织带（20X）　　　　　　　　　　编织带（20 倍）

编织结构示意图

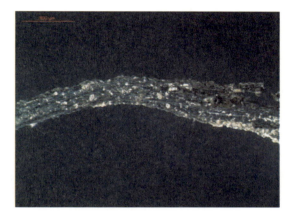

纱线纵向形貌（50 倍）

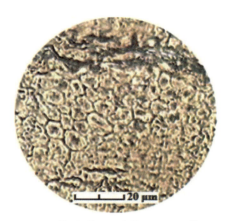

纱线截面形貌（1000 倍）

氨基酸组分及含量表

名称	摩尔含量（μmol）	质量百分含量（%）
Asp	0.040	8.72
Ser	0.033	5.79
Glu	0.035	8.41
Gly	0.076	9.40
Arg	0.007	1.86
Thr	0.002	0.43
Ala	0.035	6.91
Pro	0.066	9.67
Cys	0.031	5.82
Tyr	0.014	2.81
Val	0.026	7.66
Met	0.039	7.53
Lys	0.005	1.11
Ile	0.016	3.94
Leu	0.025	5.44
Phe	0.038	8.26

表中含量为 1 微升溶液中的氨基酸含量，从中可以看到 H108③：2 水解液中氨基酸含量很少，且样品的甘氨酸、丙氨酸和丝氨酸的含量总 24.86%，远低于桑蚕丝中三种氨基酸的含

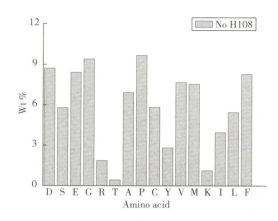

量，且甘氨酸：丙氨酸：丝氨酸的摩尔含量比不符合 4：3：1，可以确认其纤维材质不是蛋白类纤维的桑蚕丝。从截面形貌判断，具有麻纤维的特征。结合氨基酸分析和形貌分析的结果，可以初步判定该编织物纤维材质为麻。

2. H199①：14 织物

标本照片

取样示意（织物和缝线）

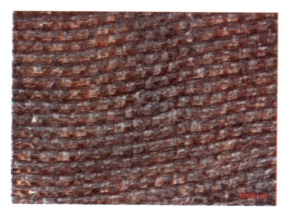

织物（12.5 倍）

织物（80 倍）

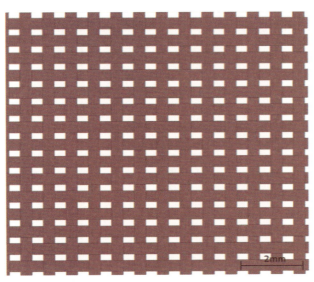

织物组织结构示意图

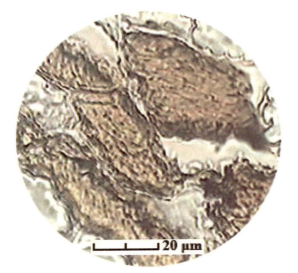

织物纱线纤维截面（1000 倍）

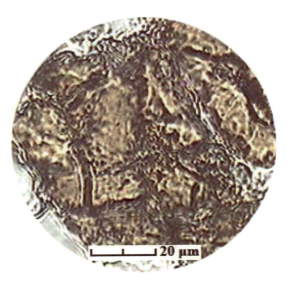

缝线纤维截面（1000 倍）

氨基酸组分及含量表

名称	H199 - 1		H199 - 2	
	摩尔含量（μmol）	质量百分含量（%）	摩尔含量（μmol）	质量百分含量（%）
Asp	0.006	3.96	0.004	6.11
Ser	0.005	2.73	0.003	3.31
Glu	0.007	5.29	0.004	6.75
Gly	0.020	7.35	0.010	8.61
Arg	0.001	0.77	0.001	1.33
Thr	0.003	2.16	0.002	4.00
Ala	0.004	2.36	0.003	4.10

续表

名称	H199 – 1		H199 – 2	
	摩尔含量（μmol）	质量百分含量（%）	摩尔含量（μmol）	质量百分含量（%）
Pro	0.052	28.93	0.007	7.15
Cys	0.020	17.41	0.003	4.29
Tyr	0.003	1.50	0.002	2.43
Val	0.013	11.23	0.012	24.42
Met	0.007	3.92	0.005	6.38
Ly s	0.001	0.74	0.001	0.86
IIe	0.003	2.17	0.003	4.61
Leu	0.004	2.76	0.003	4.51
Phe	0.006	4.06	0.004	6.39

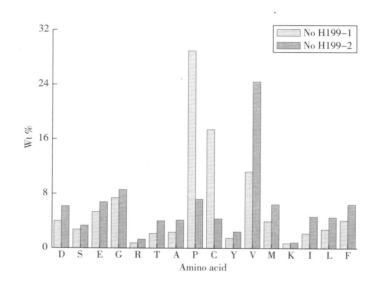

　　表中含量为1微升溶液中的氨基酸含量，从中可以看到 H199 – 1 和 H199 – 2 水解液中氨基酸含量很少，且样品的甘氨酸、丙氨酸和丝氨酸的含量总和分别为 38.38% 和 19.07%，远低于桑蚕丝中三种氨基酸的含量，且甘氨酸∶丙氨酸∶丝氨酸的摩尔含量比不符合 4∶3∶1，可以确认其纤维材质不是蛋白类纤维的桑蚕丝。

四 结论

　　通过形貌观察和氨基酸分析，可以确认两个样品的纤维材质不是蛋白类纤维的桑蚕丝。如需确认具体材质种类，需要进一步分析研究。

附录四

钱山漾遗址的年代学研究

秦　岭

（北京大学考古文博学院）

一　遗址概况

钱山漾遗址最早由慎微之先生于 1934 年发现。1956 年和 1958 年原浙江省文管会对遗址进行过两次发掘。2005 年和 2008 年，为配合高速公路建设，浙江省文物考古研究所和湖州博物馆联合进行了第三、四次发掘，发掘面积 1772 平方米。

发掘表明，钱山漾遗址是一处经先民们反复营建居住形成的台型遗址。发掘者根据遗址堆积的形成过程结合出土遗物，将遗址的文化层堆积主要分为三期：钱山漾一期文化遗存、钱山漾二期文化遗存和马桥文化遗存。其中遗址的早期堆积即钱山漾一、二期文化遗存均是目前在太湖地区还处于探索和认识阶段的新石器时代末期文化。这为探讨从良渚文化到马桥文化之间诸多考古学遗留问题，以及重新审视太湖地区古文化发展轨迹提供了全新的资料和研究方向。

为讨论方便，下文将遗址的早期堆积直接用钱山漾一期和二期的名称。

二　样品的采集

由于钱山漾一、二期文化遗存对于解决长江下游良渚到马桥文化的谱系和年代问题有着至关重要的意义。本次探源工程将这一遗址作为长江下游分课题的主要研究对象之一，进行重点的采样和测试工作。

钱山漾遗址的样品主要由三部分组成：

1）由于工程开始时，钱山漾发掘已经结束，因此仅对发掘出土遗存进行有针对性的测年样品采集工作。其中包括三部分，一部分是发掘时从堆积中水洗出来的植物遗存；一部分是有明确地层单位和器形的陶器表面或内壁的灰烬残留物；还有一部分是发掘中采集的骨头样品。为此，我们一共采集并测试了 28 个样品，其中 25 个由北大实验室完成，3 个交日本"加速器分析研究所"（实验室号 IAAA）完成。

2）钱山漾遗址发掘过程中，已经注意到此类遗存年代问题的重要性，因此 05 年发掘后便送交北大部分样品进行测试。这部分样品多为木炭，共 17 个。

3）上世纪 50 年代钱山漾第一、二次发掘后有 4 个测年样品。

三　遗址的地层关系及样品出土背景

钱山漾遗址 05 年第三次发掘整理后的地层大体上可分两块：

主要发掘区集中在遗址的中心土台，统一后的地层为：

第 1 层：表土层。

第 2、3 层：晚期地层。

第 4A、4B 层：马桥文化时期地层。

第 5、6 层：钱山漾二期文化遗存时期地层。

第 7～13 层：钱山漾一期文化遗存时期地层。

以上部分地层另又分出若干小层。

另一块是中心土台西外侧的地层，主要涉及 T0403 和 T0503 两探方。此两探方第 4、5 层为马桥文化地层，第 6、7 层为钱山漾二期文化遗存。

为解决钱山漾一、二期文化遗存的绝对年代问题，本次取样主要围绕钱山漾该两期文化遗存的地层单位进行，也对马桥文化的典型灰坑进行了部分取样。但由于相比之下钱山漾一期文化遗存非常丰富，二期文化遗存堆积相对薄、遗存也相对少，因此在样本数量上，一期和二期之间存在一定的不平衡性。

四　测年数据

所有测年数据按精确树轮曲线校正后，分布如下：

首先，从数据分布看，并没有非常理想的和地层的早晚关系相对应，这可能是由于遗址形成过程中（土台堆积过程中）不断的搬动和扰乱早期堆积所造成的，这样的形成过程，使得尽管取得了系列样品，却无法进行拟合。因此这里仅按照文化面貌的变化，将中心土台上第 6 层以下的单位归为一组进行数据合并；将中心土台第 6 层以上，以及土台西侧晚期堆积（未采集此处早期堆积）归为一组；另将马桥灰坑和其他单位归为一组。

先讨论第一组数据。第一组数据中除一个略微偏早（T0901⑨A 瓜子）、一个偏晚之外，其他均非常好的集中分布。由于本遗址并未见典型良渚文化遗存，钱山漾一期之前也没有更早的文化堆积，因此不存在扰乱获得早期遗存的问题，而这个略早的数据（4060±70）仍然可以落在整理数据的分布区间内，依然予以采纳。偏晚的一个数据（3505±35）和晚期地层数据比对的话，发现与同土台的第 7 层数据一致，这个样品是采集自实验室试管内的稻米，尽管标注了样品采集的原始单位，但并不能排除后期研究中

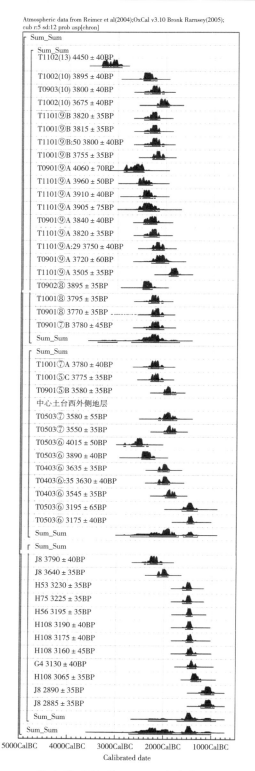

钱山漾遗址第三、四次发掘
测年数据

单位混淆的可能性。

合并上述数据，钱山漾土台上第 6 层下堆积的形成年代大约为 2460～2130BC（68.2%）。

接着讨论第二组数据。第二组数据还能分成两部分，一个是中心土台上第 5 层，一个是中心土台西侧的晚期地层。中心土台第 5 层有两个数据，第 5C 层的数据和第 7 层数据的分布区间基本重合，因此可能是堆积中来自早期的样品，也有可能在局部位置的第 5C 层可以划归到早期地层中，而第 5B 层的数据明显比上述一组数据晚一个阶段，因此可以考虑和早期土台之间有形成上的间隔期，这也符合包含物中钱山漾一期和二期文化面貌变化的出现。

再来看西侧地层数据，其中有两个 T0503⑥层数据偏早，但和上组数据对应，在第一组数据的分布区间内。另有两个 T0503⑥层数据明显偏晚，对照一下第三组马桥文化数据，可知应该归于马桥年代区间，但不清楚是样品来源问题还是原始地层判断上造成的偏差。剩余的 5 个数据分布较集中，大致在 2050～1800BC（68.2%）之间。对比上述两组数据，分布上非常好的集中在两个区间内，显示出与文化分期的相一致性，也说明土台的使用过程似有间歇。

另需指出的是，虽然第二组数据中的偏早数据可以很好地归入钱山漾一期的年代区间，但此处堆积实际上并无比钱山漾二期面貌更早的地层，据此可以推测土台外侧堆土或由他处搬运而来，这也是利用测年数据帮助我们理解堆积成因及来源的一种途径。

最后简单分析一下马桥文化数据。除了 J8 外，马桥灰坑的数据非常集中，基本上都在 1550～1300BC（68.2%）。而 J8 的四个数据很有意思，两个非常晚，1130～1000BC（68.2%），另两个则非常早，应该是钱山漾一、二期文化遗存所处的年代。这里给我们提供了两个重要信息，一方面可能遗址上的马桥文化还有阶段性，J8 的使用时间可能比其他灰坑要晚一个阶段；另一方面则是跟遗迹性质有关，井一般挖的较深，因此扰乱或带到早期遗存的可能性比一般灰坑略大，这在以后的测年取样和对单位使用时间的解读上可以多加注意。

最后，我们简单比较一下钱山漾第一、二次发掘后所测的数据：

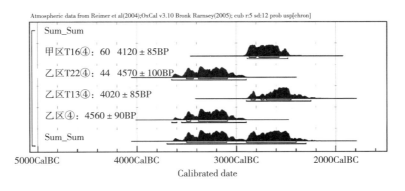

钱山漾遗址第一、二次发掘测年数据

根据报告描述，当时发掘的第 4 层属于遗址的早期堆积，因此归于目前所分的钱山漾一期无疑。但是这四个数据分成两个分布区间，一个在 3550～3050BC 之间，一个在 2950～2400BC 之间，都超出了钱山漾一期的上限。当时所用的是常规碳十四方法，测试样品有木器、竹绳（？）和稻米（但可能因为测试方法所限需要样品量较大）。这组数据明显和上述的

表 **f4-0-1**　钱山漾遗址第一、二次发掘测年数据

Lab 编号	样品	样品编号	分期	碳十四年代（BP）	树轮校正后年代（BC）	
ZK – 0047	木器	甲区 T16④:60	钱山漾一期	4120 ± 85	2870BC（17.4%）2800BC 2770BC（50.8%）2570BC	2890BC（95.4%）2480BC
ZK – 0049	炭化稻谷	乙区 T22④:44	钱山漾一期	4570 ± 100	3500BC（11.7%）3430BC 3380BC（24.7%）3260BC 3250BC（31.8%）3090BC	3650BC（95.4%）2900BC
ZK – 0050	竹绳	乙区 T13④	钱山漾一期	4020 ± 85	2850BC（6.3%）2810BC 2750BC（1.6%）2720BC 2700BC（60.3%）2450BC	2900BC（95.4%）2250BC
ZK – 0097	木杵	乙区 ④	钱山漾一期	4560 ± 90	3500BC（5.8%）3460BC 3380BC（62.4%）3090BC	3650BC（1.2%）3600BC 3550BC（94.2%）2900BC

新数据不相吻合，现在可以明确不再予以采纳。

五　小结

综上所述，钱山漾遗址的堆积形成过程大致可以分为三个阶段。第一阶段是中心土台的第 6 层以下堆积，形成年代大约在 2460～2130BC 之间；第二阶段是中心土台第 5、6 层堆积，以及土台西侧第 6、7 层堆积，形成年代大约在 2050～1800BC 之间；第三阶段是马桥文化的堆积，这部分的形成年代或许还能细分成两个阶段，1550～1300BC 以及略晚的 1130～1000BC。遗址形成的阶段性很明确，各阶段使用之间或有间歇。

如果对应考古学谱系，则钱山漾一期的年代大约是 2460～2130BC 左右，二期由于遗存较单薄，目前无法在年代上与一期遗存紧密衔接，大约为 2050～1800BC 之间。而钱山漾遗址的马桥文化大约是在 1550～1000BC 之间。

附录五

钱山漾遗址加速器质谱（AMS）
碳－14 测试报告

送样单位：浙江省文物考古研究所

送样人：丁品

北京大学加速器质谱碳－14测年数据（1）

Lab 编号	样品	样品出土单位	分期	碳十四年代（BP）	树轮校正后年代（BC）	
					1σ（68.2%）	2σ（95.4%）
BA05746	木炭	H53	马桥文化	3230±35	1525BC（68.2%）1445BC	1610BC（95.4%）1420BC
BA05747	木炭	H56	马桥文化	3195±35	1495BC（68.2%）1435BC	1530BC（95.4%）1400BC
BA05748	木炭	H75	马桥文化	3225±35	1525BC（68.2%）1445BC	1610BC（7.9%）1570BC 1560BC（87.5%）1420BC
BA05749	木炭	H108	马桥文化	3065±35	1400BC（68.2%）1330BC	1420BC（94.1%）1250BC 1230BC（1.3%）1210BC
BA05750	木炭	G4	马桥文化	3130±40	1450BC（60%）1370BC 1340BC（8.2%）1320BC	1500BC（95.4%）1310BC
BA05751	木头	T0403⑥	钱山漾二期	3545±35	1940BC（47.1%）1870BC 1850BC（12.6%）1810BC 1800BC（8.6%）1780BC	1980BC（95.4%）1750BC
BA05752	木炭	T0901⑤B	钱山漾二期	3580±35	1950BC（51.4%）1870BC 1850BC（9.9%）1820BC 1800BC（6.9%）1780BC	2020BC（1.9%）1990BC 1980BC（93.5%）1770BC
BA05753	木炭	T1001⑤C	钱山漾二期	3775±35	2280BC（16.7%）2250BC 2230BC（4.4%）2220BC 2210BC（47.2%）2130BC	2300BC（87.6%）2120BC 2100BC（7.8%）2040BC

续表

Lab 编号	样品	样品出土单位	分期	碳十四年代（BP）	树轮校正后年代（BC） 1σ（68.2%）	树轮校正后年代（BC） 2σ（95.4%）
BA05754	木炭	T1101⑦A	钱山漾一期	3780±40	2290（68.2%）2130BC	2350BC（87.4%）2120BC 2100BC（8.0）2040BC
BA05755	木炭	T0901⑦B	钱山漾一期	3780±45	2290BC（68.2）2130BC	2400BC（1.1%）2380BC 2350BC（94.3%）2030BC
BA05756	碳化毛竹片	T1002⑩	钱山漾一期	3895±40	2470BC（68.2%）2340BC	2480BC（91.7%）2270BC 2250BC（3.7%）2200BC
BA05757	碳化毛竹片	T0902⑧	钱山漾一期	3895±35	2470BC（68.2%）2340BC	2480BC（95.4%）2280BC
BA05758	木炭	T0901⑧	钱山漾一期	3770±35	2280BC（14.9%）2250BC 2230BC（3.8%）2220BC 2210BC（49.5%）2130BC	2300BC（85.3%）2120BC 2100BC（10.1%）2040BC
BA05759	木炭	T1001⑧	钱山漾一期	3795±35	2290BC（58.6%）2190BC 2170BC（9.6%）2140BC	2350BC（93.9%）2130BC 2080BC（1.5%）2050BC
BA05760	木头	T1001⑨B	钱山漾一期	3815±35	2340BC（3.2%）2320BC 2300BC（63.1%）2190BC 2160BC（2.0%）2150BC	2460BC（6.9%）2370BC 2350BC（88.5%）2130BC
BA05761	毛竹片	T1001⑨B	钱山漾一期	3755±35	2280BC（5.4%）2250BC 2210BC（53.5%）2130BC 2090BC（9.3%）2050BC	2290BC（76.3%）2110BC 2100BC（19.1%）2030BC
BA05762	毛竹片	T1101⑨A	钱山漾一期	3820±35	2340BC（5.0%）2320BC 2310BC（63.2%）2220BC	2460BC（10.0%）2360BC 2350BC（78.1%）2190BC 2180BC（7.2%）2140BC

注：所用碳十四半衰期为 5568 年，BP 为距 1950 年的年代。树轮校正所用曲线为 IntCal04（1），所用程序为 OxCal v3.10（2）。

北京大学　加速器质谱实验室
　　　　　第四纪年代测定实验室
　　　　　2006 年 7 月 12 日

北京大学加速器质谱（AMS）碳－14 测年数据（2）

Lab 编号	样品	样品出土单位	分期	碳十四年代（BP）	树轮校正后年代（BC） 1σ（68.2%）	2σ（95.4%）
BA07722	植物种子	H108③	马桥文化	3190±40	1500BC（68.2%）1430BC	1540BC（95.4%）1390BC
BA07723	稻谷	H108③	马桥文化	3175±40	1495BC（68.2%）1415BC	1530BC（95.4%）1380BC
BA07724	稻米	T0901⑨A	钱山漾一期	3720±60	2210BC（68.2%）2030BC	2300BC（95.4%）1940BC
BA07725	朴树子	T0901⑨A	钱山漾一期	3840±40	2430BC（0.8%）2420BC 2400BC（6.7%）2380BC 2350BC（60.7%）2200BC	2470BC（95.4%）2190BC
BA07726	瓜子	T0901⑨A	钱山漾一期	4060±70	2840BC（7.4%）2810BC 2680BC（60.8%）2480BC	2880BC（95.4%）2460BC
BA07727	植物纤维	T1101⑨A	钱山漾一期	3960±50	2570BC（25.3%）2510BC 2500BC（28.0%）2430BC 2420BC（5.3%）2400BC 2380BC（9.5%）2340BC	2580BC（95.4%）2290BC
BA07728	瓜子	T1101⑨A	钱山漾一期	3905±75	2480BC（65.6%）2280BC 2250BC（2.6%）2230BC	2580BC（93.7%）2190BC 2170BC（1.7%）2140BC
BA07729	稻米	T1101⑨A	钱山漾一期	3505±35	1890BC（68.2%）1770BC	1930BC（95.4%）1740BC
BA07730	葡萄籽	J8	马桥文化	2890±35	1130BC（68.2%）1010BC	1210BC（93.8%）970BC 960BC（1.6%）940BC
BA07731	杂草（酸模?）	J8	马桥文化	3790±40	2290BC（52.3%）2190BC 2180BC（15.9%）2140BC	2410BC（1.4%）2380BC 2350BC（89.3%）2120BC 2090BC（4.7%）2040BC
BA07732	稻米	J8	马桥文化	3640±35	2120BC（5.8%）2100BC 2040BC（62.4%）1940BC	2140BC（95.4%）1910BC
BA07733	蓼科（杠板归）	J8	马桥文化	2885±35	1120BC（68.2%）1010BC	1210BC（92.7%）970BC 960BC（2.7%）930BC
BA07734	稻米	T0503⑦	钱山漾二期	3550±35	1950BC（51.4%）1870BC 1850BC（9.9%）1820BC 1800BC（6.9%）1780BC	2020BC（1.9%）1990BC 1980BC（93.5%）1770BC
BA07735	瓜子	T0503⑦	钱山漾二期	3580±55	2030BC（67.3%）1870BC 1840BC（0.9%）1830BC	2130BC（3.7%）2090BC 2050BC（91.7%）1750BC
BA07736	瓜子	T0503⑥	钱山漾二期	3175±40	1495BC（68.2%）1415BC	1530BC（95.4%）1380BC
BA07737	葫芦子	T0503⑥	钱山漾二期	3195±65	1530BC（68.2%）1400BC	1630BC（95.4%）1310BC
BA07738	稻壳	T0503⑥	钱山漾二期	4015±50	2580BC（68.2%）2470BC	2850BC（3.8%）2810BC 2700BC（90.2%）2430BC 2380BC（1.3%）2340BC
BA07739	麻质编织带	H108③:2	马桥文化	3160±45	1495BC（68.2%）1405BC	1530BC（90.1%）1360BC 1350BC（5.3%）1310BC
BA071026	骨头	T0503⑥	钱山漾二期	3890±40	2470BC（67.2%）2330BC 2320BC（1.0%）2300BC	2480BC（90.8%）2270BC 2250BC（4.6%）2200BC

续表

Lab 编号	样品	样品出土单位	分期	碳十四年代（BP）	树轮校正后年代（BC）	
					1σ（68.2%）	2σ（95.4%）
BA071027	骨头	T0403⑥	钱山漾二期	3635±35	2120BC（3.5%）2100BC 2040BC（64.7%）1940BC	2140BC（14.8%）2080BC 2060BC（80.6%）1900BC
BA071028	骨头	T1101⑨A	钱山漾一期	3910±40	2470BC（68.2%）2340BC	2550BC（1.0%）2530BC 2490BC（93.2%）2280BC 2250BC（1.2%）2230BC
BA071029	骨头	T1101⑨B	钱山漾一期	3820±35	2340BC（5.0%）2320BC 2310BC（63.2%）2200BC	2460BC（10.0%）2360BC 2350BC（78.1%）2190BC 2180BC（7.2%）2140BC
BA071030	烧土	T0903⑩	钱山漾一期	3800±40	2300BC（57.0%）2190BC 2170BC（11.2%）2140BC	2460BC（5.0%）2370BC 2350BC（88.5%）2130BC 2090BC（1.9%）2050BC
BA071031	竹编物	T1002⑩	钱山漾一期	3675±40	2140BC（61.3%）2010BC 2000BC（6.9%）1970BC	2200BC（4.3%）2160BC 2150BC（91.1%）1940BC
BA071032	夹碳陶器	T1102⑬	钱山漾一期	4450±40	3330BC（31.9%）3210BC 3180BC（3.4%）3160BC 3120BC（32.9%）3020BC	3340BC（89.3%）3000BC 2990BC（6.1%）2930BC

日本加速器分析研究所加速器质谱（AMS）碳–14 测年数据

Lab 编号	样品	样品编号	分期	碳十四年代（BP）	树轮校正后年代（BC）	
					1σ（68.2%）	2σ（95.4%）
IAAA–72933	表面灰烬	T1101⑨B：50	钱山漾一期	3800±40	2300BC（57.0%）2190BC 2170BC（11.2%）2140BC	2460BC（5.0%）2370BC 2350BC（88.5%）2130BC 2090BC（1.9%）2050BC
IAAA–72839	表面灰烬	T0403⑥：34（35）带盖釜	钱山漾二期	3630±40	2120BC（4.1%）2100BC 2040BC（64.1%）1930BC	2140BC（14.3%）2080BC 2060BC（81.1%）1890BC
IAAA–72840	表面灰烬	T1101⑨A：29 鼎外壁	钱山漾一期	3750±40	2270BC（4.1%）2250BC 2210BC（47.3%）2120BC 2090BC（16.8%）2040BC	2290BC（95.4%）2030BC

加拿大多伦多大学加速器质谱（AMS）碳–14 测年数据

Sample code	Sample	Site	Provenence	Radiocarbon Age	Calibrated 1σ	Calibrated 2σ
D–AMS 003384	peach-stone	Qianshanyang	H26	3162±29	3361~3404	3345~3446

附录六

历史时期文化遗存

第一节 春秋战国

灰坑 5 座。

H1

位于 T1102 的西南部。开口于第 2A 层下，打破第 4B、6B、6C、7B 层和 H2。坑口平面形状不规则，南北最长 2.46、东西最宽 1.9、深 0.46 米。坑壁斜弧，近锅状坑底。坑内堆积为灰黑色黏土与黄褐色土夹杂。包含物有少量印纹陶碎片，器形有钵等。（图 f6-1-1）

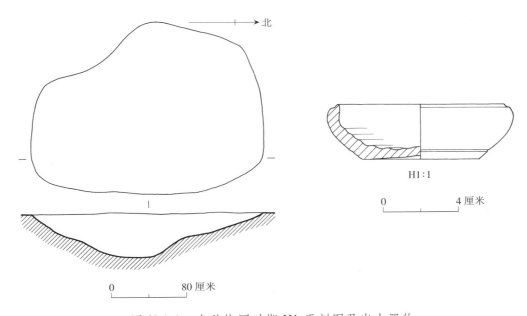

图 f6-1-1　春秋战国时期 H1 平剖图及出土器物

H1∶1，原始瓷钵。敛口，斜弧腹，平底内凹。器内壁有多周旋纹，平底处可见制作切割痕。口径 8.8、底径 6.4、高 3 厘米。

H2

位于 T1102 的西南部。开口于第 2A 层下，打破第 4B、6B、6C、7B 和 8 层，灰坑西侧上部被 H1 打破。坑口平面形状为不规则长方形，长 4.68、宽 2～2.37、深 0.38 米。斜壁，坑底较平。坑内堆积为灰绿色土，土质较硬。包含物有部分印纹硬陶和石锛等。（图 f6-1-2A、B）

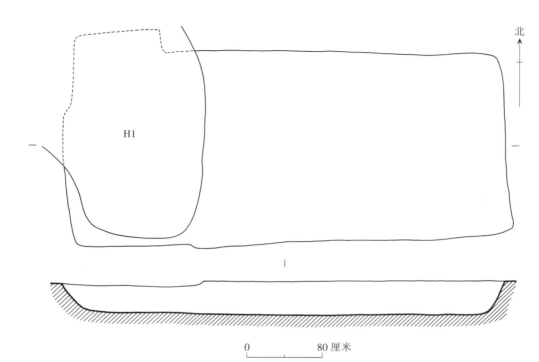

图 f6-1-2A　春秋战国时期 H2 平剖图

H2：1，石锛。顶部略残。浅灰色石质。单面刃，背部有段。残长3.8、宽1.9厘米。

H2：2，不明石器。灰绿色石质。平面呈凸字形，没有刃部。制作较粗。用途不明。长11.7、厚1厘米。

H7

位于 T1102 的东部，东半侧伸出探方外，未清理。第2A层下开口，打破第2B、4B和13层。坑口平面近长方形，东西残长2.7、南北宽1.75、深0.65米。坑壁斜弧，底近平。坑内堆积为灰褐色土。包含物有少量印纹硬陶片和残石器，器形有钵和石锛等。（图 f6-1-3）

H7：1，石锛。灰色石质。顶部残。平面长方形。单面刃。残长5.6、宽3.9厘米。

H7：2，钵。灰黑色硬陶。口沿略残。敛口，鼓肩，斜弧腹，平底。肩部饰数周弦纹。器内底有制作旋纹。底径5.1、残高6.8厘米。

H9

位于 T1202 西南角。开口于第2A层下，打破第4B、7B层和J5。坑口平面近圆形，直径1.3~1.38、深0.2米。斜弧坑壁，浅圜底。坑内堆积为灰黑色土，含少量草木灰。包含物有拍印小方格纹和米格纹的印纹硬陶片，器形有罐等。（图 f6-1-4）

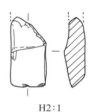

H2：1

H2：2

0 ———— 4厘米

图 f6-1-2B　春秋战国时期 H2 出土器物

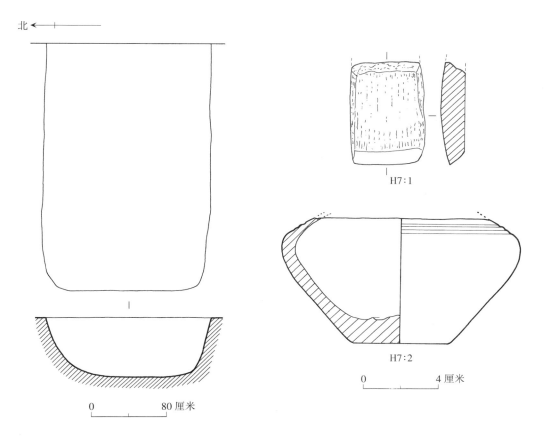

图 f6-1-3　春秋战国时期 H7 平剖图及出土器物

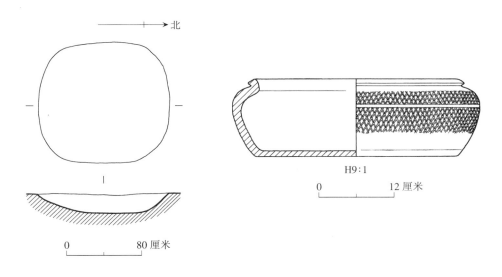

图 f6-1-4　春秋战国时期 H9 平剖图及出土器物

　　H9：1，罐。泥质灰黑陶。短侈口，鼓肩，斜弧腹，大平底。肩部和上腹部饰小方格纹。口径 32.2、底径 32、高 12.8 厘米。

H20

位于 T1102 的东南部，东半侧伸出探方外，未清理。开口于第 2A 层下，打破第 2B、4B、7B 和 13 层。东北部被一近代扰坑打破。坑口平面呈长方形，东西残长 2.75、南北宽 2.25、深 0.8 米。坑壁上部斜弧，下部较陡直。底近平。坑内堆积为灰黑色土。包含物有拍印米格纹、小方格纹和席纹的印纹硬陶和原始瓷片，器形有钵、碗等。（图 f6-1-5A、B）

H20：1，钵。泥质灰黑色硬陶。敛口，鼓腹，平底微内凹。肩部饰数周弦纹，外底有一刻划陶文。口径 5.6、底径 6、高 6.8 厘米。

H20：2，钵。泥质灰色硬陶。敛口，鼓腹，平底内凹。肩部饰数周弦纹。口径 8、底径 5.4、高 3.7 厘米。

H20：3，碗。原始瓷，器腹施淡绿色釉。直口微敛，斜弧腹，平底内凹。沿下有一周弦纹。口径 11.6、底径 6.1、高 4.2 厘米。

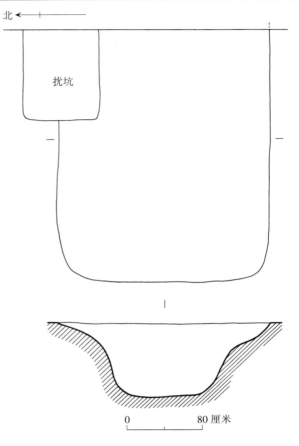

图 f6-1-5A　春秋战国时期 H20 平剖图

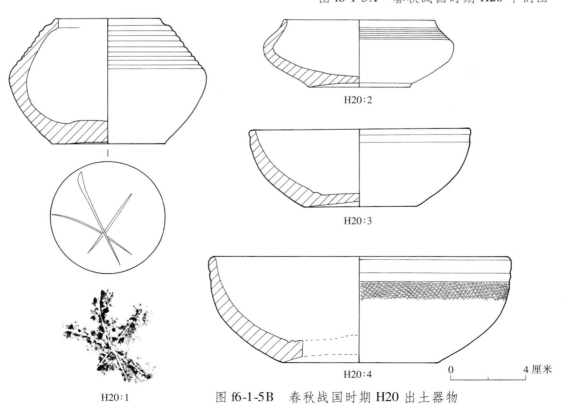

H20：1

图 f6-1-5B　春秋战国时期 H20 出土器物

H20：4，碗。原始瓷。肩部及上腹部可见淡绿色釉。直口微敛，弧腹。平底内凹。沿下有两周弦纹，上腹部饰方格纹。口径16、底径8.4、高5.7厘米。

第二节　六　朝

灰坑1座。

H192

位于T05的东南部，灰坑往东、往南伸出探方外，未清理。第2A层下开口，打破第3、4A、7B、12和生土层。坑口形状不规则，残长2.85、残宽2.2、深0.9米。坑壁斜弧，底近平。坑内堆积为灰黄土。包含物有硬陶和青瓷器，器形有钵、碗、盆、盏、杯等。其中钵的口腹部形态有弧敛口、直口微敛、直口微敞、短侈口等多种。（图f6-2-1A、B）

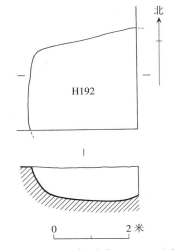

图 f6-2-1A　六朝时期 H192 平剖图

H192：1，青瓷钵。弧敛口，斜弧腹，平底微内凹。沿下饰水波纹和细弦纹。器内壁可见密集制作旋纹。口径15、底径9、高5.6厘米。

H192：2，青瓷钵。内壁和上腹部施浅绿色釉。直口微敛，斜弧腹略鼓，平底。沿下一周凹弦纹。口径16.6、底径9、高5.6厘米。

H192：3，青瓷盏。内壁和上腹大部施浅绿色釉。直口微敞，上腹近直，下腹折收成斜弧腹。平底内凹。器形较小。口径6.5、底径3.8、高2.4厘米。

H192：4，青瓷钵。生烧坯。直口微敛，斜弧腹略鼓，平底内凹。口径15.6、底径8.4、高6.2厘米。

H192：5，青瓷钵。器内外壁均施绿色釉。形态近H192：4。唯沿下弦纹较宽。口径18、底径8.2、高7.2厘米。

H192：6，青瓷钵。生烧坯。形态近H192：4。口径15.6、底径8、高5厘米。

H192：7，青瓷钵。内壁和上腹大部施绿色釉。形态同H192：3。口径9.8、底径5、高3.5厘米。

H192：8，青瓷盆。生烧坯。斜折沿，斜弧瘦腹，平底内凹。口径24.6、底径11.2、高9.6厘米。

H192：9，青瓷钵。器内壁和腹大部施绿色釉。侈口，斜弧腹，平底内凹。器内底一周弦纹。口径16.4、底径7.6、高5.6厘米（彩版一一○：1）。

H192：10，青瓷钵。器内壁和上腹大部施绿色釉。形态同H192：4。口径16、底径9、高5.8厘米。

H192：11，青瓷钵。器内壁和上腹大部施绿色釉。直口微敛，斜弧腹微鼓。平底内凹。口径9.6、底径6、高6.6厘米。

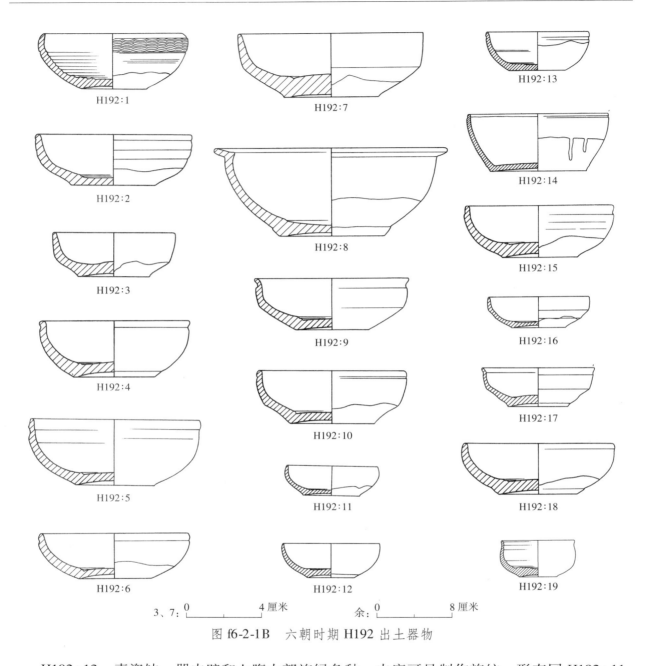

H192:1

H192:7

H192:13

H192:2

H192:8

H192:14

H192:3

H192:15

H192:4

H192:9

H192:16

H192:5

H192:10

H192:17

H192:6

H192:11

H192:18

H192:12

H192:19

3、7: 0 ____ 4厘米　　　　　余: 0 ____ 8厘米

图 f6-2-1B　六朝时期 H192 出土器物

　　H192：12，青瓷钵。器内壁和上腹大部施绿色釉。内底可见制作旋纹。形态同 H192：11。口径10.4、底径5、高3.8厘米。

　　H192：13，青瓷钵。器内壁和上腹部施浅绿色釉。直口微敛，斜弧腹，平底。沿下一周凹弦纹。口径10.8、底径6、高4.2厘米。

　　H192：14，青瓷碗。器内壁和上腹大部施青绿色釉。直口微敛，斜弧腹，平底内凹。口径14.8、底径10.2、高6.3厘米。

　　H192：15，青瓷钵。生烧坯。形态同 H192：4。口径16、底径8、高5.6厘米。

　　H192：16，青瓷钵。内壁和上腹大部施青灰色釉。形态近 H192：3。口径10.6、底径5.8、高3.4厘米。

H192：17，青瓷碗。器内壁和腹部均施绿色釉。侈口，中腹略折，平底内凹。内底一周弦纹。口径12、底径6.3、高4.3厘米。

H192：18，青瓷钵。器内壁和上腹大部施绿色釉。形态同H192：11。口径16、底径8.4、高5.6厘米。

H192：19，杯。泥质橘黄色硬陶。直口微敛，腹略鼓，平底内凹。内壁有多周制作旋纹。器形小。口径7.7、底径4、高4厘米。

第三节　宋　代

遗迹有水井、河沟等。

一　水井

3口。

J1位于T0403北部，J2位于T1002中东部。J1、J2均为土坑砖砌井壁。J3位于T0802东北部，打破H125，为土坑井。水井均开口于第2A层下。因故只清理了上部。其中J3除少量瓷片外，没有出土编号小件。

J1

共出土编号器物12件（图f6-3-1）。

J1：1，陶拍。夹砂橘黄陶。柄残。残高2.6厘米。系马桥文化遗物。

J1：2，石锛。平面长方形。有段。长6.9、刃宽3.6厘米。

J1：3，瓷观音像。青白瓷。颈部以下缺。残高6厘米。

J1：4，釉陶四系罐。略敛口。筒状深腹，平底内凹。肩部设四系。颈肩部有淡绿色釉。口径6.4、底径8.6、高24.5厘米。

J1：5，釉陶四系罐。颈肩部有深褐色釉。形态同上件。口径7.4、底径8、高24.7厘米。

J1：6，陶拍。夹砂灰陶。高9.4厘米。系马桥文化遗物。

J1：7，釉陶四系罐。颈肩部有酱褐色釉。形态同J1：4。口沿残。底径8、残高21.6厘米。

J1：8，韩瓶。口沿残，平底，筒腹。底径5.8、残高15.6厘米。

J1：9，青瓷钵。直口微敞，瘦斜腹，平底微内凹。褐胎天青釉。口径10、底径3.8、高4.4厘米。（彩版一一〇：3）

J1：10，碗。釉色灰黄。口沿残。弧腹，圈足。底径5.4厘米。

J1：11，黑釉碗。直口微敞。瘦斜弧腹，圈足。器内壁和上腹施黑釉。口径15.6、底径4.4、高6厘米。

J1：12，碗。敞口。斜弧腹，圈足。灰黄色釉。口径14、底径5.4、高4.8厘米。

J2

共出土编号器物6件（图f6-3-2）。

J2：1，铜钱。祥符通宝。

J2：2，韩瓶。黄褐色釉。直口，筒腹，平底。口径5.6、底径6.2、高23.4厘米。

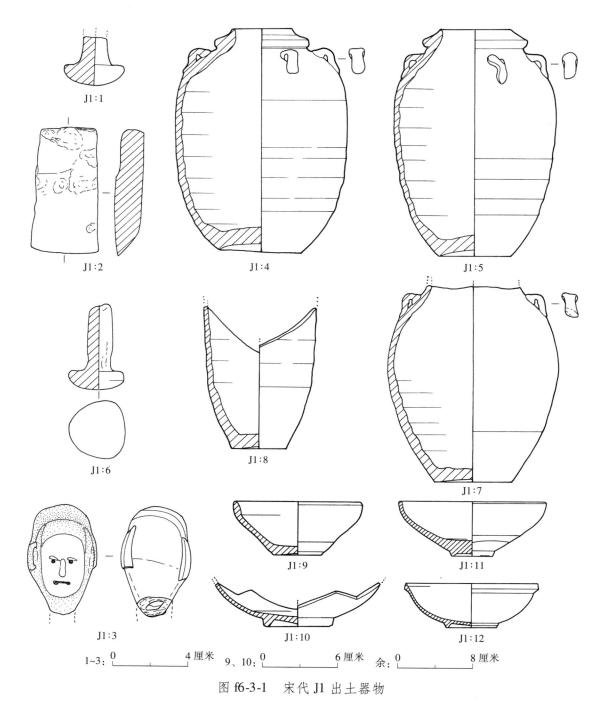

图 f6-3-1　宋代 J1 出土器物

　　J2:3，釉陶四系罐。敛口，筒状深腹，平底内凹。肩部设四系。口径 7.2、底径 7.2、高 27.6 厘米。

　　J2:4，韩瓶。上部残。平底。底径 8 厘米。

　　J2:5，黑釉碗。灰黄胎黑釉。口部残。圈足。底径 4.1 厘米。

　　J2:6，盏。上腹施黄褐色釉。直口微敞。瘦斜腹。假圈足平底。口径 10.5、底径 3.2、高 5.2 厘米。

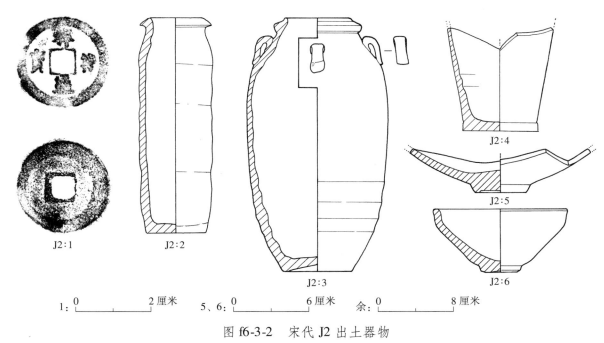

J2:1　J2:2　J2:3　J2:4　J2:5　J2:6

1：0 ⊢——⊢——⊣ 2厘米　5、6：0 ⊢——⊢——⊣ 6厘米　余：0 ⊢——⊢——⊣ 8厘米

图 f6-3-2　宋代 J2 出土器物

二 河沟

宋代河沟分布没有规律，发掘时没有作为遗迹处理。出土遗物编入各探方扰乱层中。器形有韩瓶、擂钵、盏、碗、罐、钵、壶等。

韩瓶　7件。一般直口，筒腹，平底。器内壁可见轮制旋痕，制作均较粗。

T0703②A：5，口沿及颈肩部施黄褐色釉。口径6.8、底径6.4、高19.9厘米。（图 f6-3-3：1；彩版一一○：5）。

T0903②A：15，直口微侈。口沿及颈肩部施黄褐色釉。口径6.8、底径6.8、高20.4厘米。（图 f6-3-3：2）

T0904②A：21，口径7、底径6.4、高21.4厘米。（图 f6-3-3：3）

T1003②A：12，平底略内凹。口沿及颈肩部施黄褐色釉。口径6.6、底径6.6、高19.6厘米。（图 f6-3-3：4）

T04②A：1，直口微侈。口径6.8、底径6.6、高19.4厘米。（图 f6-3-3：5）

T04②A：9，直口微侈，平底略内凹。口沿及颈肩部施褐色釉。口径7、底径7、高20.2厘米。（图 f6-3-3：6）

T04②A：11，直口微侈，平底内凹。口沿及颈肩部施黄绿色釉。口径7.8、底径7、高19.8厘米。（图 f6-3-3：7）

擂钵　2件。均残可复。

T04②A：30，硬陶。敛口，平底。器内壁可见放射状成组粗篦纹。口径18、底径6.8、高7.7厘米。（图 f6-3-4：1）

T06②A：2，口微敛，弧腹，平底。口沿及器外壁上部施天青色釉，釉厚。器外壁另饰莲

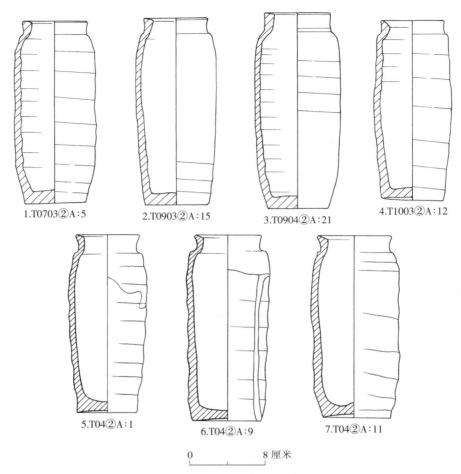

1.T0703②A:5　　2.T0903②A:15　　3.T0904②A:21　　4.T1003②A:12

5.T04②A:1　　6.T04②A:9　　7.T04②A:11

0 　　　　　8 厘米

图 f6-3-3　宋代河沟出土遗物（一）

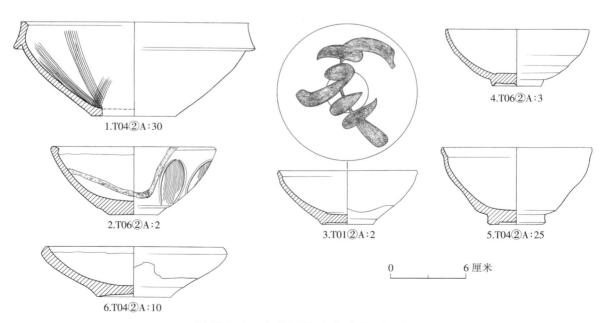

1.T04②A:30

2.T06②A:2

3.T01②A:2

4.T06②A:3

5.T04②A:25

6.T04②A:10

0 　　　　　6 厘米

图 f6-3-4　宋代河沟出土遗物（二）

瓣纹，瓣面饰划篦纹。釉不及底。口径12.8、底径3.8、高5.6厘米。（图f6-3-4：2；彩版一一〇：4）

黑釉瓷盏 3件。均残可复。敞口或微束，弧腹，平底或矮圈足。腹部内外施黑釉，釉不及底。

T01②A：2，平底中部一圈内凹。器内壁书一"寿"字。口径11、底径4.1、高4.4厘米。（图f6-3-4：3；彩版一一一：1）

T06②A：3，矮圈足。口径11.4、底径3.9、高4.6厘米。（图f6-3-4：4；彩版一一一：2）

T04②A：25，矮圈足。口径11.8、底径4.2、高6.3厘米。（图f6-3-4：5）

酱褐瓷碗 1件。

T04②A：10，微敛口，斜腹，平底内凹。器内外壁施酱褐色釉。口径13.8、底径5.8、高4.1厘米。（图f6-3-4：6）

刻花青瓷碗 9件。均残可复。

T04②A：2，大口，口沿微外撇。斜弧深腹，矮圈足。内壁饰蕉叶纹，外壁饰莲瓣纹，瓣面饰篦纹。绿色釉。圈足外底有三字墨迹款。口径13.2、底径5、高6厘米。（图f6-3-5：1；彩版一一一：3）

T1003②A：13，大口，口沿微外撇。斜弧腹，矮圈足。内壁饰团花纹，外壁饰折扇纹。青黄色釉。口径17、底径5.6、高7.2厘米。（图f6-3-5：2；彩版一一一：4）

T04②A：4，大口，口沿微外撇，瘦弧腹，矮圈足。内壁饰团花纹，外壁饰折扇纹。青绿色釉。口径16、底径5.3、高7.5厘米。（图f6-3-5：3）

T04②A：6，敞口，弧腹，矮圈足。外壁饰成组篦纹。绿色釉，圈足无釉。口径17.2、底径5.6、高6.3厘米。（图f6-3-5：4）

T1003②A：15，敞口，斜腹，腹较深，矮圈足。内壁饰牡丹花纹，外壁素面。黄绿色釉，釉色均匀，有细冰裂纹。口径19.4、底径6.4、高8.8厘米。（图f6-3-5：5；彩版一一一：5）

T05②A：1，大敞口，弧腹，矮圈足。外壁素面，内壁饰荷花纹。青黄色釉，釉色均匀有光亮。口径19、底径5.7、高6.5厘米。（图f6-3-5：6）

T1003②A：14，大敞口，斜弧腹，矮圈足。内壁饰荷叶纹，叶面饰篦纹，外壁素面。青黄色釉。口径18、底径5.8、高5.6厘米。（图f6-3-5：7）

T0903②A：16，敞口，弧腹，矮圈足。外壁饰成组的篦纹。青黄色釉。口径17.4、底径6、高7.2厘米。（图f6-3-6：1）

T04②A：27，敞口，弧腹，矮圈足。外壁饰成组的篦纹。黄绿色釉。口径17.4、底径5.8、高7厘米。（图f6-3-6：2）

青瓷碗 3件。均残可复。

T0904②A：22，大口，口沿微外撇。弧腹，矮圈足。碗内壁和外壁上部施青灰色釉。口径16.4、底径5.8、高7.2厘米。（图f6-3-6：3）

T04②A：5，敞口，弧腹，矮圈足。除圈足外，其余均施绿色釉。碗底胎较厚。口径16.5、底径5.2、高6.7厘米。（图f6-3-6：4）

T04②A：29，大口，口沿微外撇。弧腹，圈足，碗底胎厚。碗内壁和外壁上部施青黄色

1.T04②A∶2

2.T1003②A∶13

3.T04②A∶4

4.T04②A∶6

5.T1003②A∶15

6.T05②A∶1

5：　0　　　　　8厘米

余：　0　　　　　6厘米

7.T1003②A∶14

图 f6-3-5　宋代河沟出土遗物（三）

釉。口径16.6、底径5.2、高7厘米。（图 f6-3-6：5）

青白瓷碗　2件。均残可复。

T07②A∶1，葵口外撇，斜弧腹，矮圈足。内壁饰刻划花卉纹。釉色白中泛青。口径15.6、底径6、高4.4厘米。（图 f6-3-6：6）

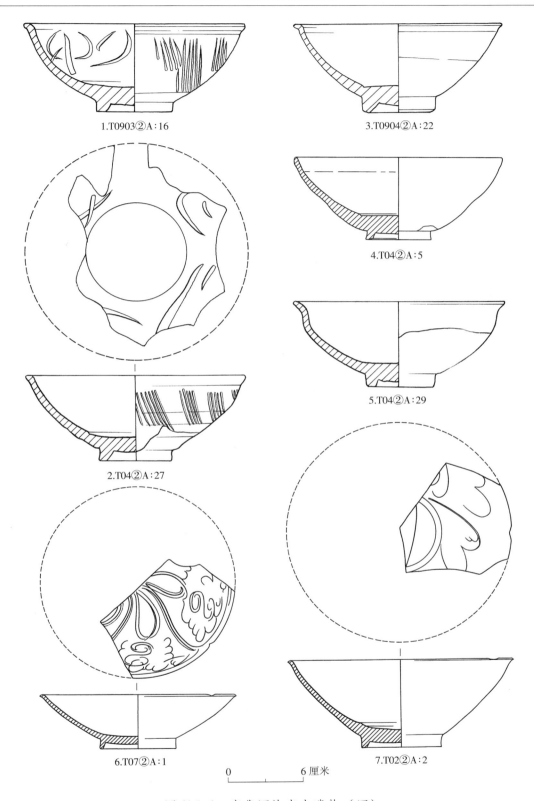

1.T0903②A：16　　　3.T0904②A：22

4.T04②A：5

2.T04②A：27　　　5.T04②A：29

6.T07②A：1　　　7.T02②A：2

0　　　　6厘米

图 f6-3-6　宋代河沟出土遗物（四）

　　T02②A：2，形态近 T07②A：1。碗内壁饰刻划花卉纹。釉色青中泛白。口径 18、底径
6.3、高 7.1 厘米。（图 f6-3-6：7）

以下为宋代河沟中出土的六朝时期遗物。

双系褐釉瓷罐　3件。均残可复。肩部均设对称双系。

T05②A：9，侈口，弧腹，平底，肩部附双耳。口沿及上腹施褐釉。口径14.4、底径11.2、高17.4厘米。（图f6-3-7：1）

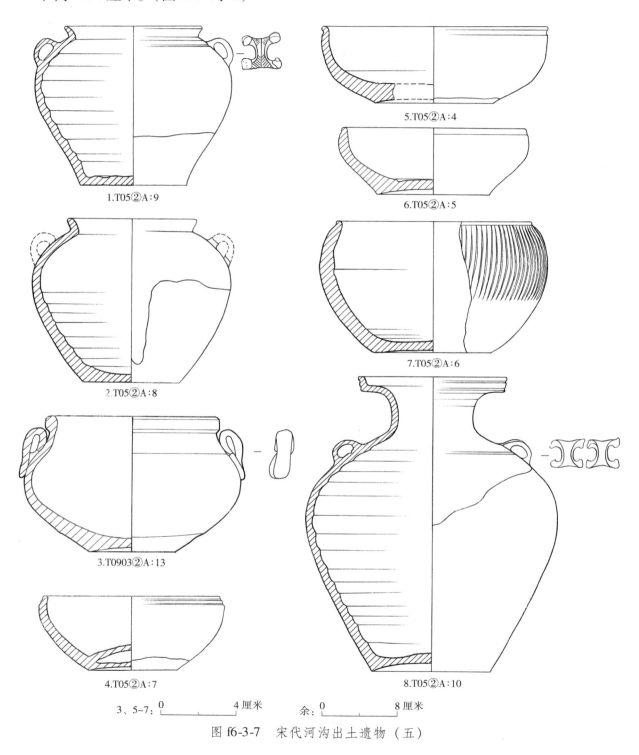

1.T05②A：9

5.T05②A：4

6.T05②A：5

2.T05②A：8

7.T05②A：6

3.T0903②A：13

4.T05②A：7

8.T05②A：10

3、5~7：0　　　4厘米　　　余：0　　　8厘米

图f6-3-7　宋代河沟出土遗物（五）

T05②A：8，形态类 T05②A：9。口沿、上腹和内壁下部施褐色釉。口径13.6、底径10.2、高18厘米。（图 f6-3-7：2）

T0903②A：13，厚唇，直口，鼓腹，平底内凹。口沿及上腹施褐色釉。口径9、底径4.6、高7.4厘米。（图 f6-3-7：3）

青瓷钵 3件。均残可复。

T05②A：7，敛口，弧腹，平底内凹。除外底外，其余均施黄绿色釉。沿下有两周凹弦纹，底部因过烧形成气泡。口径18.4、底径9.2、高8厘米。（图 f6-3-7：4）

T05②A：4，短侈口，弧腹，平底略内凹。除外底外，其余部分均施黄绿色釉。口径11.8、底径6.2、高4.2厘米。（图 f6-3-7：5）

T05②A：5，微敛口，弧腹，平底略内凹。除外底外，其余部分均施黄绿色釉。口径9.7、底径6、高3.6厘米。（图 f6-3-7：6）

褐釉瓷钵 1件。残可复。

T05②A：6，短侈口，圆弧腹，平底略内凹。沿下可见褐色釉。上腹部饰竖向条纹。口径10.3、底径6.2、高7.2厘米。（图 f6-3-7：7）

青瓷盘口壶 1件。残可复。

T05②A：10，盘口，鼓肩，瘦腹。平底内凹。肩部附双系。口径15.8、底径12.6、高32厘米。（图 f6-3-7：8；彩版一一〇：2）

附录七

钱山漾遗址遗迹索引

后　记

考古发掘既有因探索未知的神秘和采撷各种意外带来的乐趣，有时也会有好像被特别安排后带来的惊喜：你关注什么，野外发掘就会给你带来什么。

2000 年笔者在写一篇文章时，开始关注环太湖地区从良渚文化到马桥文化的这一段历史，当时认为良渚文化和马桥文化存在着文化面貌上和绝对年代上的双重缺环，它们之间不是一种直接的继承关系，而只是一种间接的传承关系。因而推测环太湖地区在良渚文化和马桥文化之间还存在着一支我们未知的考古学文化。论文快要完成时，在《中国文物报》上看到上海松江广富林遗址发掘和发现"广富林遗存"的消息。此后不久的 2004 年底，钱山漾遗址发掘的机会就摆在了我面前。

接手钱山漾遗址发掘任务时，想着这应该是一处普通的良渚文化到马桥文化的村落遗址，由于遗址地势低洼，地下水位高，可能发掘会有些麻烦。调查试掘时发现了 M1，这给我带来很多的遐想和期待，期待着能在环太湖地区首次清理一处广富林遗存时期的墓地。最后发掘结果是，广富林遗存时期墓葬再没有发现第二座，属于这个阶段的遗存也不太丰富，倒是意外开启了对太湖地区以弧背鱼鳍形足鼎为代表的这类文化遗存的重新认识。

发掘前，我们对以弧背鱼鳍形足鼎为代表的文化遗存知之甚少，甚至还因历史的原因存在着某种误解。而对于广富林遗存，也只是刚开始有些感性的认识。所以，可以说，这两块内容对笔者来说都是全新的领域。野外发掘时，根据地层叠压关系和出土遗物，我们将钱山漾遗址的三期堆积即钱山漾一期文化遗存、钱山漾二期文化遗存和马桥文化遗存等明确作了区分，但具体对一、二期文化遗存文化面貌的解读和文化性质的判断上也有过一些反复和犹豫。

通过对环太湖及周边地区同时期遗址（存）的比较与考察，我个人对钱山漾一、二文化遗存及距今 4400 ~ 4000 年前后环太湖地区古文化的认识，逐渐明朗（尽管，这种认识还不一定是正确的）。我们提出"钱山漾文化"的命名，也认同广富林文化，并认为钱山漾文化和广富林文化基本上是龙山时代到夏初环太湖地区前后发展的两支考古学文化。这正好可大致填补笔者论文中提出的环太湖地区从良渚文化到马桥文化的文化面貌上和年代上的缺环。

钱山漾遗址马桥文化遗存的陶器，质地多种、火候各异、器类繁多、装饰多样。感觉是来自五湖四海的人（或文化因素）汇聚在这里，整个社会没有形成定制或缺乏严谨的规范，大家有各自的生活习俗，又能和平共处并相互借鉴学习。比如制陶工艺上，你追求火候耐用，我追求纹饰精美，他追求方便实用；又比如炊器，常见的就有舌形足、圆锥足和凹弧足等三种鼎，还有三种同样形态足的甗和少量的釜；再比如常见的罐，如果加上亚型，有 36 种不同形态，豆则有 15 种形态，盆也有 13 种形态，令人眼花缭乱。

　　距今 3500～3400 年，正是中原夏末商初之际。猜想，这个时期太湖地区的马桥文化应该是游离在夏商疆域边缘的一种松散自由的联合吧。这种联合中有继承，有吸纳，更有融汇，又充满着变化，使得它具有特殊性。这也是个人更愿把这个时期太湖地区古文化称之为由宋建先生提出的"马桥文化"，而不是笼统称之为"商周时期遗存"或"夏商文化"的原因。

　　又联想到年代距离马桥文化不远的良渚文化时期，社会制度森严、礼仪规范。反映到器物上，不同阶段的陶器及其组合，显得刻板而稳定，演变缓慢而有序，比较容易探寻变化规律。比照钱山漾文化、广富林文化和马桥文化，不免有沧海桑田的感慨。

　　这里要特别感谢张忠培先生，2006 年 6 月上海松江广富林遗存会议上的"严厉"总结言犹在耳。2006 年 10 月和杨晶先生一起到湖州康山文物库房摸钱山漾陶片时的情形也历历在目。此后几年，我因忙于杭州余杭茅山遗址发掘而无暇顾及钱山漾，而先生多次向我所领导提及钱山漾遗址的整理和报告的编写，常让我内心有一种愧疚和紧迫感。2014 年 9 月，临出版前，先生又欣然为《报告》写了序。

　　要感谢北京大学考古文博学院的赵辉先生、上海博物馆的宋建、陈杰等先生、苏州博物馆的丁金龙先生，还有我所的王明达先生和从事史前考古的同仁们，不同场合的指导、切磋与交流，令我获益良多。

　　要感谢我所前任曹锦炎所长和现任李小宁所长对钱山漾遗址发掘和整理工作的支持和关心，让我能从考古所一如既往的繁重考古发掘任务中抽出一年多时间专注于钱山漾遗址的整理和发掘报告的编写。

　　要感谢湖州市文物局的柴培良局长和湖州市博物馆的黄建祥和潘林荣两位馆长对钱山漾遗址第三、四次发掘和整理工作的大力支持。感谢湖州博物馆的闵泉副馆长提供的关于慎微之先生的生平资料和珍贵的照片。感谢湖州博物馆的陈云先生和郭勇先生为第三、四次发掘及整理工作包括场地及后勤安排等所做的大量工作。湖州博物馆的程厚敏先生和王江先生则分别参加了钱山漾第三次发掘、整理和第四次发掘工作，感谢他们辛勤的工作和付出的努力。

　　要感谢北京大学考古文博学院的秦岭女士，除了完成钱山漾遗址的年代学研究（附录四）外，还帮着翻译了报告的英文提要。

　　要感谢浙江大学地球科学系的董传万教授，从繁重的教学任务中拔身，多次来临平整理库房为钱山漾遗址出土的石器做了岩性鉴定。感谢远在英国伦敦的张颖博士，在紧张求学之中为钱山漾遗址的动物遗存写了分析报告。也感谢本所科技考古室的郑云飞教授，作为本报告的合作者，承担了钱山漾遗址的植物遗存分析报告，还翻译了报告的日文提要。

　　要感谢技工陈武和李波，从酷暑到寒冬的整理时光，他们或修复统计，或绘图、初排插图，为本报告的完成付出了很大的努力。

　　最后要感谢余杭区文广新局的冯玉保局长和余杭中国江南水乡博物馆的陆文保馆长，毅然在临平北郊租了宽敞的文物临时库房，既为余杭茅山、玉架山等遗址的大量出土文物找到了安家之处，也为我假公济私整理钱山漾遗址提供了优越的工作环境。

丁　品

2013 年 10 月于临平北郊文物库房

QIANSHANYANG

(abstract)

Qianshanyang lake is located at north-west of Lu Cun village, about 7 kilometers south-east of Huzhou city, Zhejiang province. This freshwater lake is a fishing ground today, in a long strip shape that runs from north-west to south-east, about 1. 9 million square meters. Qianshanyang site is located on the south-east bank of the lake, the preserved area is about 70, 000 square meters. The coordinates of site are 120°8′E, 30°48′N.

In 1950s, the former Zhejiang Culture Relics Committee had conducted two excavations in the middle and north part of the site. From March to June, 2005, and from March to May, 2008, Cultural Relics and Archaeology Institute of Zhejiang Province and Huzhou Municipal Museum together organized the third and fourth excavations in the south of the site, with an excavation area of 1772 square meters in total.

The third and fourth excavation area is a man-made mound consisting of habitation. The formation of the deposit can be divided into 5 stages. Combined with the result of typological studies of pottery, the site can be divided into 3 periods, respectively belonging to Qianshanyang I, Qianshanyang II and Maqiao culture (bronze culture).

There are 3 buildings, 5 pits, 4 trenches, and 3 "pottery piles" from the first period, Qianshanyang I culture. The unearthed artifacts are dominated by pottery and stone tools, with a few of bone and wood. The pottery fabrics include 3 types: "tempered sand", "clay" and "rough clay". 57. 7% is tempered with sand. Red pottery is the main type, and among the wares, there is one type fired at a high temperature. Most pottery is plain without decoration. Those with decoration include cord-pattern, basket-pattern, grid-pattern, strip-pattern, crossed cord pattern and so on. The common types of pottery include tripods with fish-fins shaped legs, tongue-shaped legs, and chisel-shaped legs; *dou* stemmed plates, *gui* with long neck and baggy legs, stemmed basins, *zun* pots with three-dot legs, jars, stamped pattern pot, lids and spindle whorls. The stone tool types include adze, arrow head, knife, chisel, plough, *yue* (axe), spear, ground stone for tool making, among which the typical ones are adze with curved back, ladder-shaped knife and triple prism section's arrow head.

Qianshanyang II culture had 2 buildings, 1 burial and 14 pits. Building F3 is composed of the wall ditch, internal wall and postholes. The north-west part of F3 has been destroyed by later deposits, and the present part is a building with eight rooms, a total area of 260 square meters, which makes it one of the largest and most complicated single building structures in Neolithic China. The main artifacts are pottery and stone tools, with a few of jades and bone tools. The pottery fabrics are two, including "tempered sand" and "clay" types. 60.4% is tempered with sand. Grey color and plain decoration are dominant. The common decoration includes pressing pattern, carving pattern, attached decoration, and hollowed-out engravings. The impressed patterns are of cord, basket, or combinations of these with strings, check-patterns and stripes. Compared with the patterns of Qianshanyang I, single or multiple incised lines became the popular type. The pottery types include, tripod with flat legs, round bottom pot *fu*, thin stemmed *dou*, stemmed basin, cup, bowl, lid and spindle whorls. The stone tools include adze, axe, arrow head, knife, plough and grouding stone. Among the tools a crescent-shaped knife (sickle) and a thick axe are new types of this period.

There are 2 buildings, 191 pits, 7 wells and 9 ditches belonging to Maqiao culture. The unearthed remains are dominated by pottery and stone tools, with very few jades, turquoise, wooden wares and textiles (such as silk string and silk cloth). The fabric of the pottery can be divided into 5 types: tempered with sand, clay, rough clay, hard pottery (fired at higher temperatures), and protoporcelain. The most common ware type is the pottery tempered with sand. The decoration of pottery includes impressed patterns, roulletted patterns, and incised patterns, and a hollowed out style. In addition, 69 single carved symbols or characters have been found, which had been carved before firing. The pottery types include tripod, steaming tripod*yan*, stemmed *dou*, stemmed serving basin *gui*, tripod basin *pan*, drinking vessels *gu* and *zhi*, baggy – legged *he*, bowl, cup, steamer top *zeng*, lid, support, impressing tool and spindle whorls. The stone tools included adze, knife, arrow head, chisel, axe, plough, sickle, spear, dagger, axe with double shoulders, grounding stone for tool making and some of the stone working by-products.

Qianshanyang I is a newly recognized archaeological culture to be found in the area (around Taihu Lake). Compared to the Liangzhu culture, changes happened not only in terms of pottery, stone tools, jades and the overall artifact assemblage, but also suggests a shift in the direction of the social-cultural contacts, as this period marks the Longshan horizon in Taihu area. This period witnessed the formation of an ancient civilization with the central plains Longshan as the core area. Therefore, this report names this Qianshanyang I as "Qianshanyang culture". Referring to the C-14 dates, the absolute dates of this culture is 4400 – 4200BP, although these boundaries might expand.

Qianshanyang II is similar to the material culture to be found at Guangfulin site. Referring to the C-14 dates and comparisons with Guangfulin, the Qianshanyang II is around 4000BP.

By the AMS C-14 dates, Maqiao culture from this site is about 3500 – 3300BP.

Hence, the Qianshanyang culture (I on this site), and Guangfulin culture (II on this site) can be regarded as two new local cultural phases that developed in order, and occurred during Longshan horizon in Taihu Lake area.

概　要

　　銭山漾は、浙江省湖州市の東南およそ7kmの潞村西北に位置する。西北から東南へ向かって縦長に伸びる、面積が約1,900,000m²になる、水深の浅い湖状の水域であり、現在は魚の養殖場になっている。遺跡は、銭山漾の東南、東経120°8′、北緯30°48′に位置し、およそ70,000m²が残存している。

　　1950年代、当時の浙江省文物管理委員会が、遺跡中央の北側にて、2度にわたって発掘を実施した。また、2005年3月~6月と2008年3月~5月には、浙江省文物考古研究所ならびに湖州博物館により、再び遺跡の南部にて第3次と第4次の発掘が行われ、総発掘面積は1,772m²にもなる。

　　第3次と第4次調査では、居住と盛り土を繰り返しおこなった後に形成された、低い台状の遺構が発掘された。遺跡は、地層の堆積状況からみると、主に5段階に渡って形成されているが、遺物の分析と併せると、遺跡の文化堆積は3期に分けられる。遺跡は前期から後期にかけて、それぞれ新石器時代後期の銭山漾一期文化、銭山漾二期文化および青銅器時代の馬橋文化となる。

　　銭山漾一期文化の遺構には、住居址3基、灰坑5基、4本の灰溝および3組の器物が発見された。出土遺物は、土器と石器が主体であり、その他、骨角器と木器も少量出土している。土器の胎土には、挟砂質、泥質と少量の粗泥質があり、狭砂質が57.7%を占める。胎土色をみると、紅陶が多く、泥質の土器のなかには、青灰色で焼成温度がやや高いものもみられる。また、土器は無文が主体であり、施文方法は、叩き、刻線、貼り付け、削り、透かしなど多種である。叩きの文様には、縄文、籃文、弦断縄文、弦断籃文、格子文、平行文、交錯縄文および少量の条格文などがある。土器類には、魚鰭形足鼎、舌形足鼎、鴨嘴状鑿形足鼎、寛高柄豆または細高柄豆、細長頸袋足鬵、圏足盤、盆、粘質罐、尊、三乳丁足壺（罐）、腹部に弦断籃文を施した狭砂甎と大口罐、大口缸、挟砂質または粘質の青灰印文罐、器蓋と紡錘車などがある。石器類には、斧、鏃、刀、鑿、犁、鉞、矛や砥石などがあり、弧背石斧、長台形斜刃石刀、凸弧刃石刀および三稜石鏃など、独特な石器も出土した。

　　銭山漾二期文化には、住居址2基、墓葬1基と灰坑14基が発見された。住居址F3は、壁の基礎となる溝、壁と柱穴から構成される。その東北部は、後期の堆積に破壊されており、幅が3間、奥行き2~3間ほどの、8室が連なった住居建築が残存しており、面積は260m²になる。これは、いままで中国国内で発見された新石器時代末期の建物遺構で、一軒の面積としては規模が大きく、構造が複雑なものとなる。二期文化の出土遺物をみると、土器と石器が主体であり、また玉器や骨器も少量確認される。土器の胎土は狭砂質と粘質の大きくふたつに大別でき、狭砂質が主体で、60.4％を占める。胎土色は、灰色が多い。また、土器は主に無文であり、施文方法は、叩き、線刻、貼り付け、削り、透かしなど多種である。叩きの文様には、縄文、籃文、弦断縄文、弦断籃文、格子文、交錯縄文、方格文、条文などがある。一期に比べて二期は、弦断縄文、弦断籃文などの文様が減少し、単線あるいは複線が交錯する数種類の刻線文が突如流行する。土器の器種をみると、扁足鼎、釜、細高柄または炬形細高柄豆、粘質または狭砂質の罐、圏足盤、盆、杯、鉢、器蓋と紡錘車などがある。石器類には、手斧、斧、鏃、刀、犂や砥石などがあり、この時期には、半月形石刀と肉厚の石斧が新たに出現する。

　　馬橋文化の遺構は、住居址2基、灰坑191基、井戸7基および9本の灰溝が発見された。出土遺物をみると、土器と石器が主体であり、また玉器やトルコ石製品、木器や絹片、シルク帯など有機遺物も少量確認される。土器は、胎土から狭砂質土器、粘質土器、粗粘質土器、硬質土器と原始磁器などの五種類に大別され、そのなかで、最も多いのは狭砂質土器である。施文方法は、叩き、回転、押圧、線刻、戳刻、削り、透かしなど多種である。叩きと回転の施文は、流行の度合いから、縄文、葉脈文、方格文、籃文、条格文、折線文、条文、席文、交錯縄（籃）文、渦巻文とわずかに綾杉文などがあり、部分的に二種類または二種類以上の叩き文様を組み立てたものもある。押圧文様には、主に渦巻文、円圏文および魚鳥文などである。このほか、刻線の陶文が69点発見され、すべてが単体の字体である。焼成前に刻まれ、多くが粘質罐の口縁部にみられる。土器の器種をみると、鼎、甗、豆、盆、罐、簋形器、三足盤、瓦足皿、瓠、觶、袋足盉、壷、鉢、杯、碗、甑、器蓋、支脚、叩き具、紡錘車と土錘などがある。石器類には、手斧、刀、鏃、鑿、斧、犂、鎌、矛、戈、双肩石器、砥石や未成品などがある。

　　銭山漾一期文化は、環太湖地域における新しい新石器時代後期の文化である。良渚文化と比べると、土器、石器や玉器だけでなく、文化様相が一変している。また、環太湖地域における古代文化のある種の新たな発展モデルあるいは新たな時代の趨勢である。そしてさらに、環太湖地域がすでに龍山時代に入ったという、明らかに重要な指標であり、当該地区の文化が、中原を中心とする中華文明と急速に融合していく過程といえ、ひとつの考古学文化を名乗る意義を十分に備えている。そのため、本報告で銭山漾一期文化を「銭山漾文化」と命名する。放射性炭素年代測定によれば、銭山漾文化の絶対年代は、今からおよそ4400～4200年前であり、その年代の上限と下限については、さらに広がる可能性もある。

　　銭山漾二期文化は、近年発見された広富林文化とほぼ同じである。放射性炭素年代測定および文化的様子から比較検討すると、銭山漾二期文化の絶対年代は、今からおよそ4000年前後である。また同じく、放射性炭素年代測定では、銭山漾遺跡の馬橋文化の絶対年代は、今から3500～3300年となる。

　　このように、これまでの資料からみると、基本的に銭山漾文化と広富林文化は、龍山文化から夏初にかけて、太湖地域発展した、ふたつの地域文化であると考えられる。

彩版

1. 湖州地形

2. 钱山漾遗址环境（南—北）

彩版一　湖州地形和钱山漾遗址环境

1. 慎微之先生

2. 第三次发掘之初（东南—西北）

彩版二　遗址发现者慎微之先生与第三次发掘现场

1. 工人们坐着手划水泥船来发掘工地

2. 第三次发掘主要工作人员合影

彩版三　第三次发掘工作人员

1. 赵辉等先生考察钱山漾遗址

2. 张忠培先生在湖州整理现场指导

3. 郑云飞博士现场筛选土样

彩版四　专家现场考察与指导及工作人员筛选土样

1. T1001西壁南段地层

2. T1002西壁地层

彩版五　第三次发掘地层

1. T0804、T0904南壁地层

2. 钱山漾一期文化遗存居住遗迹F7局部（西—东）

彩版六　第三次发掘地层与钱山漾一期文化遗存居住遗迹F7

1. 器物组Q1（南—北）

2. 器物组Q2（西—东）

3. 器物组Q3（南—北）

彩版七　钱山漾一期文化遗存器物组Q1、Q2、Q3

1. T0802⑦B：50

2. T0902⑦B：17

3. T04⑦A：52

4. T1101⑦A：39

5. T04⑦B：96

6. T1002⑥C：26

彩版八　钱山漾一期文化遗存刻划符号

1. A型Ⅰ式（T02⑨A：69）

2. A型Ⅱ式（T1001⑨A：58）

3. A型Ⅱ式（T1001⑨A：45）

4. A型Ⅱ式（T03⑦B：126）

5. A型Ⅱ式（T1101⑦A：41）

6. A型Ⅱ式（T1101⑦A：40）

彩版九　钱山漾一期文化遗存鱼鳍形足陶鼎

1. A型Ⅱ式（T1101⑨A：86）　　　　　　2. A型Ⅲ式（T02⑦B：9）

3. Ba型Ⅰ式（T0901⑨A：29）　　　　　　4. Ba型Ⅰ式（T1001⑧：38）

5. Ba型Ⅰ式（T1001⑦B：127）　　　　　　6. Ba型Ⅰ式（T1101⑦A：39）

彩版一〇　钱山漾一期文化遗存鱼鳍形足陶鼎

1. Ba型Ⅰ式（T1101⑦A：38）

2. Ba型Ⅰ式（T1101⑦A：45）

3. Ba型Ⅰ式（H152：2）

4. Bb型（T1001⑧：23）

5. Bb型（T1101⑦A：54）

6. C型（T1101⑨A：20）

彩版一一　钱山漾一期文化遗存鱼鳍形足陶鼎

1. D型Ⅰ式鱼鳍形足鼎（T1001⑨B：49）

2. D型Ⅱ式鱼鳍形足鼎（T1001⑨A：27）

3. D型Ⅲ式鱼鳍形足鼎（T1003⑦B：7）

4. 舌形足鼎（T03⑨A：15）

5. 舌形足鼎（T1101⑦A：44）

6. A型扁侧足鼎（T1101⑦A：47）

彩版一二　钱山漾一期文化遗存陶鼎

1. 袋足甗（T03⑦B：76）

2. 鼎式鬶（T0901⑨A：28）

3. 袋足鬶（T1001⑧：41）

4. 袋足鬶（T1001⑦B：37）

5. A型豆（T03⑨A：10）

6. A型豆（T0901⑧：25）

彩版一三　钱山漾一期文化遗存陶甗、鬶和豆

1. B型Ⅰ式豆（T1101⑨A：28）

2. B型Ⅱ式豆（T03⑨A：14）

3. 凸圜底盆（T02⑨A：74）

4. A型圈足盘（T0901⑧：21）

5. B型圈足盘（T1001⑨A：46）

6. C型圈足盘（T0503⑨：17）

彩版一四　钱山漾一期文化遗存陶豆、盆和圈足盘

1. A型（T1101⑧：19）

2. A型（T01⑦B：11）

3. B型（T0902⑩：15）

4. B型（T1102⑩：27）

5. B型（T1101⑨A：31）

6. B型（Q2：23）

彩版一五　钱山漾一期文化遗存泥质陶罐

1. C型泥质罐（T1001⑨A：43）

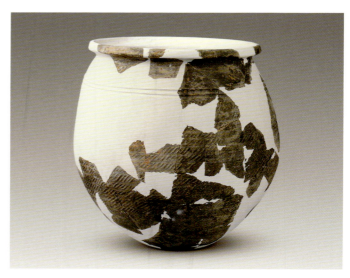

2. Da型Ⅱ式泥质罐（T01⑦B：35）

3. E型泥质罐（T01⑫：16）

4. A型夹砂罐（T0803⑩：9）

A型夹砂罐（T0902⑧：16）

6. B型夹砂罐（T1001⑨A：65）

彩版一六　钱山漾一期文化遗存泥质陶罐、夹砂陶罐

1. 尊（T03⑨A：13）

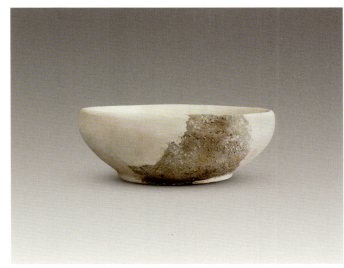

2. 钵（T0802⑦B：51）

3. Aa型瓮（T0901⑧：24）

4. Aa型瓮（T04⑦A：66）

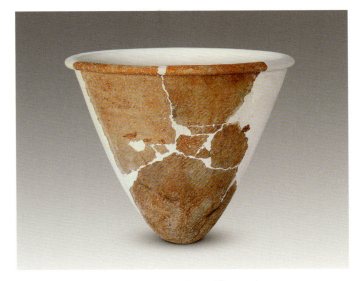

5. Ⅱ式大口缸（T01⑧：17）

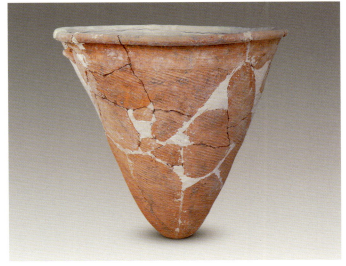

6. Ⅲ式大口缸（T1101⑦A：14）

彩版一七　钱山漾一期文化遗存陶尊、钵、瓮和大口缸

1. Aa型器盖（Q3：4）　　　　　　　　　2. Aa型器盖（Q3：5）

3. Aa型器盖（T03⑦B：6）　　　　　　　4. Ab型器盖（T0901⑨A：30）

5. Ab型器盖（T0901⑧：20）　　　　　　　6. B型器盖（T03⑨A：12）

7. 圆盘形器（T1003⑩：11）　　　　　　　8. 红烧土器（T0503⑨：14）

彩版一八　钱山漾一期文化遗存陶器盖、圆盘形器和红烧土器

1. 纺轮 上：A型（Q1：6）、A型（T0904⑩：9）、B型（T0904⑩：18）、A型（T0802⑦B：5）、A型（Q2：25）
   下：A型（Q2：3）、A型（T0904⑩：10）、E型（Q2：4）、E型（Q2：20）、A型（T0904⑩：12）

2. A型纺轮（T03⑦A：7）

4. D型纺轮（T0902⑦B：4）

3. C型纺轮（T02⑧：10）

5. 网坠（G12：3）

6. 网坠（G12：5）

1. 石钺（H170：4）

2. 石犁（T0802⑬：48）

3. 石犁（T0802⑦B：6）

4. 带柄石器（T0901⑧：22）

5. 残石器（T0903⑪：26）

6. 残石器（T1002⑦B：10）

彩版二〇　钱山漾一期文化遗存石钺、犁、带柄石器和残石器

1. Aa型（T0903⑩：11）　　2. Aa型（T0802⑦B：11）　　3. Ab型（T04⑫：18）

4. Ab型（T0902⑩：8）　　5. Ab型（T1103⑦B：5）　　6. Ac型（T0902⑩：12）

7. Ba型（Q3：6）　　8. Ba型（T0902⑦B：5）　　9. Bb型（Q2：10）

1. Bb型锛（Q3：1）   2. Bb型锛（T0901⑨A：26）   3. Bb型锛（T0903⑦B：1）

4. Cb型锛（H170：1）   5. Cb型锛（Q3：7）

6. Ca型锛（T0802⑧：46）   7. Cb型锛（H152：1）   8. 凿（Q3：2）

彩版二二 钱山漾一期文化遗存石锛、凿

1. A型（Q1：3）

2. A型（Q2：7）

3. A型（Q2：8）

4. A型（Q1：1）

5. B型（T0801⑧：17）

6. 未分型（Q1：2）

彩版二三　钱山漾一期文化遗存石刀

1. A型（T0901⑫：31）　　　　2. A型（T0902⑩：9）　　　　3. A型（T03⑨A：11）

4. A型（T03⑧：9）　　　　5. B型（T0901⑫：32）　　　　6. B型（T0902⑩：10）

7. B型（T1001⑨A：25）　　　　8. B型（T02⑨A：11）　　　　9. C型（Q2：19）

彩版二四　钱山漾一期文化遗存石镞

1. C 型镞（T0904⑩：20）　　　2. C 型镞（T0902⑩：11）　　　3. C 型镞（T0802⑦B：15）

4. C 型镞（T1103⑦B：4）　　　5. D 型镞（T1102⑦B：17）　　　6. D 型镞（T01⑦A：8）

7. E 型镞（T1101⑨A：21）　　　　　　　　8. 矛（T04⑦B：17）

彩版二五　钱山漾一期文化遗存石镞、矛

1. A型（T01⑧：9）

2. B型（T0903⑧：8）

3. B型（T0903⑦B：4）

4. B型（T07⑦B：6）

5. B型（T04⑦A：23）

6. C型（T0904⑩：8）

彩版二六　钱山漾一期文化遗存砺石

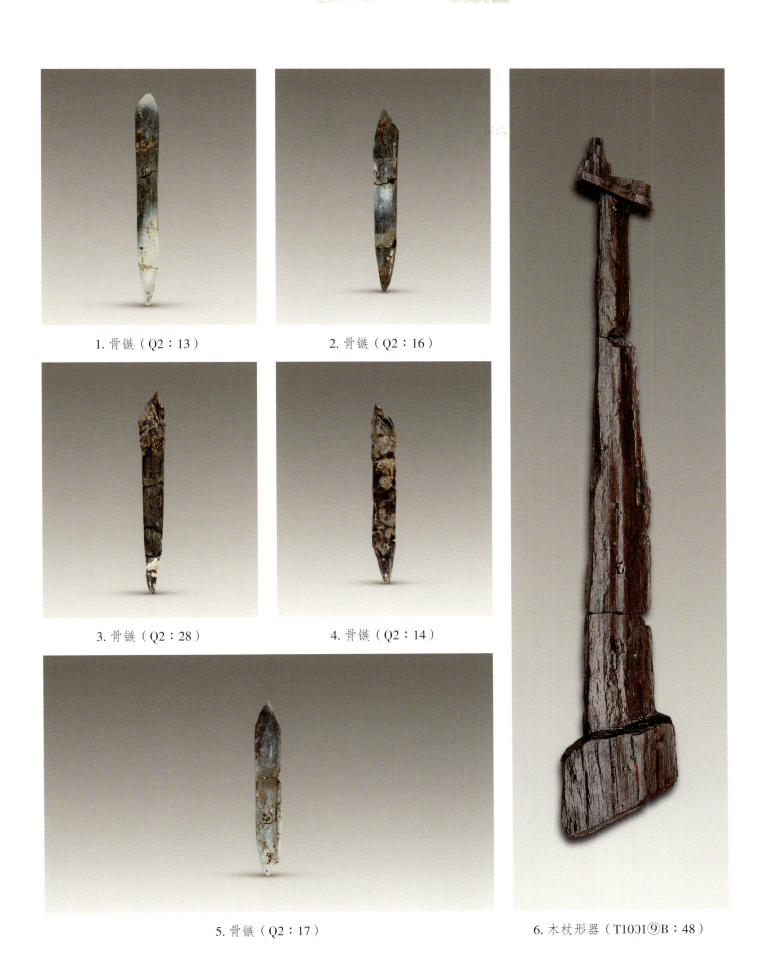

1. 骨镞（Q2：13）   2. 骨镞（Q2：16）

3. 骨镞（Q2：28）   4. 骨镞（Q2：14）

5. 骨镞（Q2：17）   6. 木杖形器（T1001⑨B：48）

彩版二七　钱山漾一期文化遗存骨镞和木杖形器

1. 竹编（T1001⑨B：160）

2. 竹编（T02⑨A：108）（西南—东北）

3. 麻葛类编织物（T1001⑦B：51）

4. 麻葛类编织物（T1001⑦B：51）（显微镜下观察）

1. 清理前（南—北）

2. 清理中（南—北）

彩版二九 钱山漾二期文化遗存F3清理过程

彩版三〇　钱山漾二期文化遗存F3清理后（南—北）

1. 清理前（东—西）

2. 清理后（东—西）

彩版三一　钱山漾二期文化遗存F4清理前后

1. M1清理后（西—东）

2. H135（北—南）

3. H137（南—北）

彩版三二　钱山漾二期文化遗存M1、H135和H137清理后

1. H151（西—东）

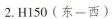

2. H150（东—西）

3. H153（南—北）

彩版三三　钱山漾二期文化遗存H151、 H150和H153清理后

3. A型（T0901⑤A：9）

1. A型（M1：3）

4. C型（T0802⑥C：3）

2. A型（T1001⑤A：10）

5. C型（H150：1）

彩版三四　钱山漾二期文化遗存陶鼎

1. D型鼎（T1002⑥C：7）

2. D型鼎（T0901⑤B：19）

3. A型釜（T0403⑥：34）

4. A型釜（T03⑥C：26）

5. B型釜（T0403⑥：40）

6. B型釜（H133：8）

彩版三五　钱山漾二期文化遗存陶鼎、釜

1. A型豆（T1001⑤C：18）

2. C型豆（H77：4）

3. I式豆（T1001⑥B：73）、II式豆（T1101⑥C：49）

4. I式豆（H155：3）、III式豆（H111：6、T1003⑤A：22）

5. 盆（T0801⑥B：20）

6. A型圈足盘（T1001⑤C：22）

彩版三六　钱山漾二期文化遗存陶豆、豆柄、盆和圈足盘

1. C型泥质罐（M1：2）

4. B型夹砂罐（H153：5）

2. D型泥质罐（T1001⑤C：21）

5. 夹砂罐（T1001⑥C：39）

3. A型夹砂罐（T0403⑥：33）

6. 钵（M1：1）

彩版三七　钱山漾二期文化遗存泥质陶罐、夹砂陶罐和陶钵

1. 杯（T0901⑤A：35）

2. 不明器（T0802⑥C：23）

3. A型纺轮（T1103⑥C：7）

4. A型纺轮（T0803⑥A：5）

5. A型纺轮（H133：2）

6. B型纺轮（T0903⑥A：3）

彩版三八　钱山漾二期文化遗存陶杯、不明器和纺轮

1. A型石锛（T1103⑥C：6）　　2. A型石锛（H133：3）　　3. B型石锛（T0901⑥B：14）

4. A型石镞（F3：5）　　5. B型石镞（T0603⑥C：8）　　6. C型石镞（T0902⑤A：3）

7. 玉凿（T1001⑥C：17）　　8. 玉锥形器（F3：1）　　9. 残玉器（F3：2）

彩版三九　钱山漾二期文化遗存石锛、镞和玉凿、锥形器、残玉器

1. A型 I 式刀（T0802⑥C：14）

2. A型 II 式刀（H139：3）

3. 犁（T1002⑥C：8）

4. 石器坯料（T1102⑥B：9）

彩版四〇　钱山漾二期文化遗存石刀、犁和石器坯料

1. A型砺石（H137：2）

2. A型砺石（H151：1）

3. B型砺石（T1003⑥A：3）

4. C型砺石（T0903⑥A：2）

5. 骨锥（H153：1）

彩版四一　钱山漾二期文化遗存砺石和骨锥

1. F1（南—北）

2. F2（南—北）

彩版四二　马桥文化居住遗迹F1和F2

1. G1（西—东）

2. G2（东—西）

3. G4（西—东）

4. G5（东—西）

彩版四三　马桥文化灰沟G1、G2、G4和G5

1. J4（南—北）

2. J8（南—北）

3. H66（南—北）

彩版四四　马桥文化水井J4、J8和灰坑 H66

1. H195（南—北）

2. H105（东—西）

3. H201（东—西）

彩版四五　马桥文化灰坑H195、H105和H201

1. H101（北—南）

2. H102（北—南）

彩版四六　马桥文化灰坑H101和H102

1. H79（西—东）

2. H81（南—北）

彩版四七　马桥文化灰坑H79和H81

1. H107（东北—西南）

2. 原始瓷残片

彩版四八　马桥文化灰坑H107和原始瓷残片

1. Bd型鼎（H89：36）

2. Dc型罐（H77：2）

3. Db型罐（H89：34）

4. Db型罐（H130：2）

5. Cb型罐（H157：13）

6. Dc型罐（H193②：9）

7. AaⅡ式盆（H56①：46）

8. B型盆（H157：8）

彩版四九　马桥文化刻划陶文

1. E型罐（H212：4）

2. 夹砂罐（H162：2）

3. 碗（H206②：17）

4. Db型罐（H67②：4）

5. Db型罐（T1003④B：50）

6. Aa型罐（H193②：11）

7. Dc型罐（H45：1）

8. Cb型罐（H10：2）

彩版五〇　马桥文化刻划陶文

1. 鼎（H89：37）

2. C型盆（T0503④：42）

3. Cb型罐（H34：10）

4. Dc型罐（H81：4）

5. Db型罐（H209②：35）

6. 鼎（H30①：4）

7. Db型罐（H146①：2）

8. E型罐（H206②：62）

彩版五一　马桥文化刻划陶文

1. Aa型罐（H186①：9）

2. Db型罐（H76：14）

3. Cb型罐（H8：8）

4. Cd型罐（H142：6）

5. E型罐（T1001④B：138）

6. Cb型罐（H52：5）

7. Cb型罐（T1003④B：49）

8. Ab型罐（H56②：16）

1. Cb型罐（H175：3）

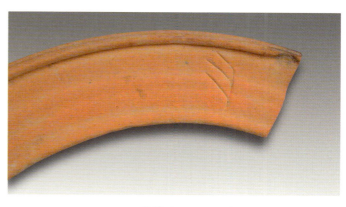

2. Db型罐（H26：29）

3. Db型罐（T1001④A：40）

4. Db型罐（T0802④A：49）

5. E型罐（T0801④B：42）

6. 罐（T0503④：39）

7. Cb型罐（T1202④A：2）

8. Dc型罐（T0403⑤：20）

彩版五三　马桥文化刻划陶文

1. Db型罐（H93：1）

2. Db型罐（H8：7）

3. Cb型罐（H201④：30）

4. Dc型罐（H34：9）

5. Db型罐（T0801④B：41）

6. Cb型罐（H157：12）

7. Db型罐（T1003④B：10）

8. Aa型罐（H163②：7）

彩版五四　马桥文化刻划陶文

1. Aa型Ⅰ式（H31∶1）

2. Aa型Ⅱ式（H24∶4）

3. Aa型Ⅱ式（H56②∶17）

4. Aa型Ⅱ式（H56②∶22）

5. Aa型Ⅱ式（H56②∶23）

6. Aa型Ⅱ式（H63∶4）

彩版五五　马桥文化陶鼎

1. Ab型Ⅱ式（H146①：3）

3. Ac型Ⅱ式（H201⑤：49）

2. Ab型Ⅱ式（H201④：5）

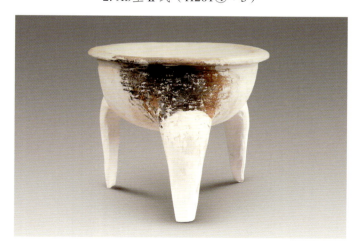

4. Ae型（H102①：8）

5. Af型（H56①：7）

1. Ba型Ⅰ式（T1002④B：11）

2. Ba型Ⅰ式（H89：10）

3. Ba型Ⅱ式（T01④A：20）

4. Ba型Ⅱ式（H66：3）

5. Ba型Ⅲ式（H26：1）

6. Ba型Ⅲ式（H81：2）

彩版五七　马桥文化陶鼎

1. Ba型Ⅲ式（H107：5）

2. Ba型Ⅲ式（H107：17）

3. Bb型Ⅱ式（H205：5）

4. Bb型Ⅲ式（H35：3）

5. Bb型Ⅲ式（H107：7）

6. Bc型Ⅰ式（H56①：48）

彩版五八　马桥文化陶鼎

1. Bc型Ⅱ式（H79：6）

2. Bc型Ⅱ式（H81：3）

3. Bd型（H79：13）

4. Be型（H89：19）

5. Bf型Ⅰ式（T01④A：19）

6. Bf型Ⅱ式（H26：14）

彩版五九　马桥文化陶鼎

1. Bf型Ⅲ式（H79：10）

4. Ca型（H201④：8）

2. Ca型（H8：9）

5. Cb型（H34：7）

3. Ca型（T1001④B：15）

6. Cb型（H56①：1）

彩版六〇　马桥文化陶鼎

1. Cc型鼎（H14∶3）

4. Ac型甗（H10∶1）

2. D型鼎（H195①∶1）

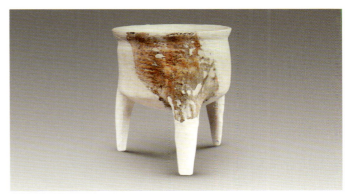

5. Cd型鼎（H55∶6）

3. Aa型甗（H201⑤∶47）

6. Ab型甗（H56②∶20）

彩版六一　马桥文化陶鼎、甗

1. Ba型（G4②：13）

2. Ba型（H26：12）

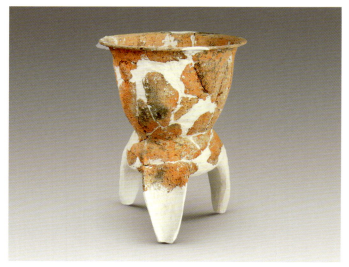

3. Ba型（H56②：14）

4. Bb型（H26：11）

5. Bb型（H79：14）

6. Bb型（H89：24）

彩版六二　马桥文化陶鬶

1. Aa型Ⅰ式（H206②：14）

2. Ab型Ⅰ式（H105②：2）

3. Ab型Ⅰ式（T0503④：9）

4. Ab型Ⅱ式（H116②：2）

5. Ba型（H196②：3）

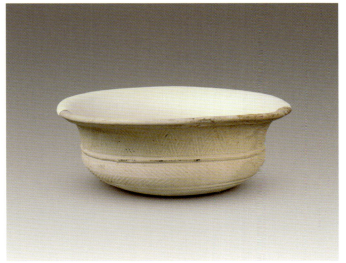

6. Ba型（H161①：1）

彩版六三　马桥文化陶豆

1. Bb型Ⅰ式（H56①：26）

2. C型（H35：2）

3. Da型Ⅱ式（H26：17）

4. Da型Ⅱ式（H79：8）

5. Db型Ⅰ式（H209①：6）

6. Db型Ⅱ式（H73：3）

彩版六四　马桥文化陶豆

1. E型（T03④A：3）

2. E型（H105②：3）

3. F型（H180：1）

4. G型（T02④B：16）

5. G型（H215：1）

6. G型（T02④B：18）

彩版六五　马桥文化陶豆

1. Ha型豆（T04④A：13）

4. Aa型Ⅰ式盆（T0904④B：6）

2. Hb型豆（H80②：2）

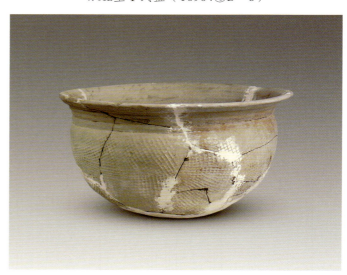

5. Aa型Ⅰ式盆（G4①：4）

3. Hc型豆（H80①：18）

6. Aa型Ⅰ式盆（H157：5）

彩版六六　马桥文化陶豆、盆

1. Aa型Ⅱ式（H55：4）

2. Aa型Ⅱ式（H80②：10）

3. Aa型Ⅱ式（H173：1）

4. Aa型Ⅱ式（H206②：15）

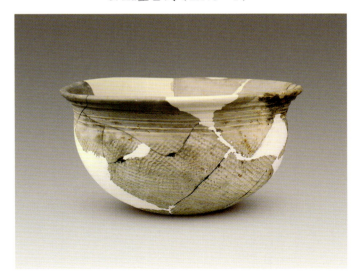

5. Aa型Ⅱ式（H217②：29）

6. Aa型Ⅱ式（H56①：29）

彩版六七　马桥文化陶盆

1. Aa型Ⅲ式（H80②：15）

2. Aa型Ⅲ式（H203：9）

3. Aa型Ⅲ式（H204①：4）

4. Ab型Ⅲ式（H201④：32）

5. B型（H157：8）

6. B型（H211：1）

彩版六八　马桥文化陶盆

1. C型（H163②：6）

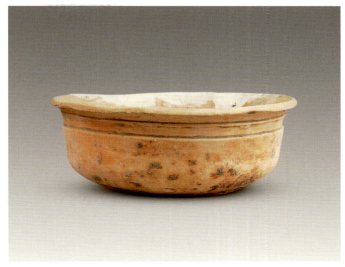

2. D型（H58：1）

3. D型（T1002④B：12）

4. D型（H146①：1）

5. E型（H19：3）

6. E型（H75②：2）

彩版六九　马桥文化陶盆

1. F型（H179：2）

2. G型（J10①：7）

3.（H163①：2）

4. I型（H163②：5）

5. J型（H71：1）

彩版七〇　马桥文化陶盆

1. Aa型（H206②：18）

2. Aa型（H193②：11）

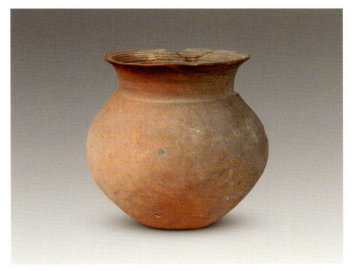

3. Aa型（H206②：12）

4. Aa型（H26：8）

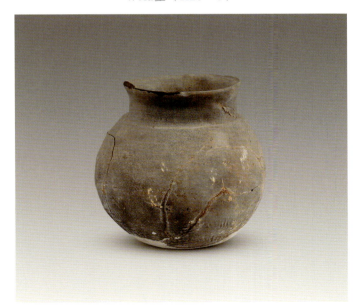

5. Aa型（T0503④：5）

彩版七一　马桥文化泥质陶罐

1. Ab型（H56②：16）

2. Ab型（H63：3）

3. Ab型（H157：1）

4. Ab型（H157：4）

5. Ab型（H16：3）

6. Ab型（H206①：9）

彩版七二　马桥文化泥质陶罐

1. Ae型（H209①：7）

2. Af型（H141：2）

3. Ag型（H107：20）

4. B型（H193②：7）

5. Ca型（H102①：9）

6. Cb型（H177：5）

彩版七三　马桥文化泥质陶罐

1 Cc型（H55∶3）

2. Cc型（H97①∶1）

3. Cd型（H175∶1）

4. Cd型（H193②∶10）

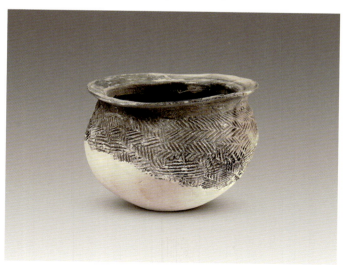

5. Cd型（H142∶6）

彩版七四　马桥文化泥质陶罐

1. Db型 I 式（H107：16）

2. Db型 II 式（H89：30）

3. Db型 I 式（H81：1）

4. Db型 I 式（H26：20）

5. Dc型（T0403⑤：20）

6. Dc型（H81：4）

彩版七五　马桥文化泥质陶罐

1. Dc型（H157：14）

2. Dc型（H77：2）

3. Dc型（H34：5）

4. Dc型（H193②：9）

5. Dd型（H202：1）

6. De型（H34：1）

彩版七六　马桥文化泥质陶罐

1. Ea型（H89：26）

2. Ea型（H174：6）

3. Eb型（H206②：13）

4. Eb型（H89：23）

5. Ec型（H206②：16）

6. Ed型（H96：1）

彩版七七　马桥文化泥质陶罐

1. Ee型（J8④：7）

2. E型（H77：1）

4. G型Ⅰ式（T0901④A：46）

3. Fc型（H66：1）

5. G型Ⅱ式（T08③：5）

彩版七八　马桥文化泥质陶罐

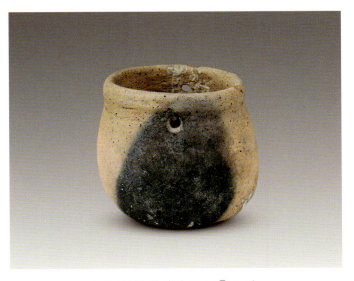

1. Hd型泥质罐（H209①：4）

3. A型夹砂罐（H56②：18）

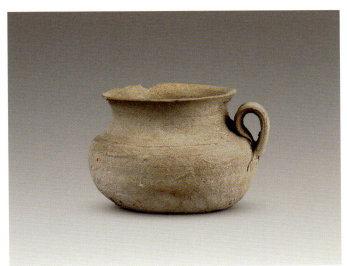

2. I型泥质罐（H162：1）

4. A型夹砂罐（H56①：8）

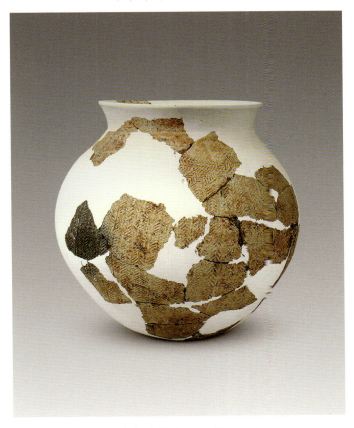

5. A型夹砂罐（H201②：22）

彩版七九　马桥文化泥质陶罐、夹砂陶罐

1. B型（T0503⑤：21）

2. B型（H108①：1）

3. Da型（H83：1）

4. Db型（H214：1）

5. Db型（H206②：24）

彩版八〇　马桥文化夹砂陶罐

1. Aa型（G4①：1）

2. Aa型（H171：1）

3. Ab型（H217①：6）

4. B型（H88：2）

5. C型（H107：1）

6. C型（H89：17）

彩版八一　马桥文化陶簋形器

1. D型簋形器（T03④B：24）

2. A型Ⅱ式三足盘（H48：2）

3. A型Ⅱ式三足盘（T07④A：14）

4. A型Ⅱ式三足盘（T07④A：3）

5. A型Ⅲ式三足盘（H80②：1）

6. A型Ⅲ式三足盘（T07③：4）

彩版八二　马桥文化陶簋形器、三足盘

1. Ba型（H80②：9）

2. Bb型（H80②：12）

3. C型（H125：1）

4. D型（H203：10）

5. E型（J8②：10）

彩版八三　马桥文化陶三足盘

1. I式瓦足皿（H24：2）

2. I式瓦足皿（T0801④B：39）

3. II式瓦足皿（T1002④B：5）

4. II式瓦足皿（H206①：8）

5. Aa型觚（H76：4）

6. Ab型觚（H209①：3）

7. B型觚（T0403⑤：8）

彩版八四　马桥文化陶瓦足皿、觚

1. C型觚（H188①：6）   2. A型觯（H125：3）   3. A型觯（H98：1）

4. 袋足盉（H107：9）   5. 袋足盉（H107：3）

彩版八五   马桥文化陶觚、觯和袋足盉

1. A型（T1001④B：11）

2. A型（T0901④B：34）

3. A型（H124：1）

4. A型（T04④A：38）

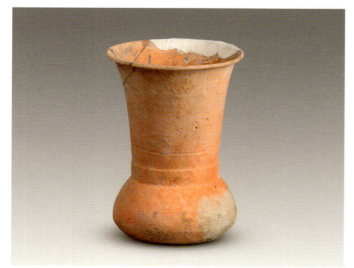

5. Ba型（T0503⑤：11）

6. Ba型（H89：18）

彩版八六　马桥文化陶壶

1. Bb型壶（T08③：4）

3. A型钵（H8：4）

2. Bb型壶（H163①：1）

4. A型钵（H14：4）

5. A型钵（H75①：14）

1. B型（H125：7）

2. B型（H102④：2）

3. B型（J9②：2）

4. B型（H217①：4）

5. B型（H56①：11）

6. Cb型（H107：21）

彩版八八　马桥文化陶钵

1. B型杯（H79：9）

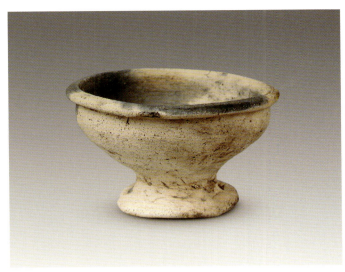

2. C型杯（H206②：21）

3. C型杯（H63：1）

4. C型杯（H75②：12）

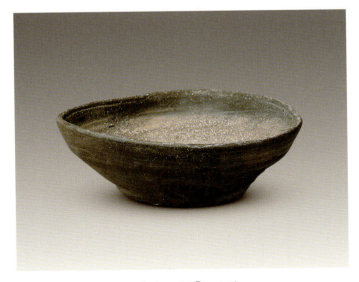

5. 碗（H206②：17）

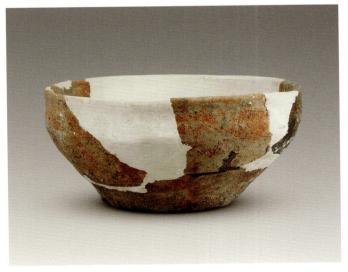

6. 碗（H78：2）

彩版八九　马桥文化陶杯、碗

1. Aa型（H81：5）

2. Aa型（T0403④：4）

3. Ac型（H80②：8）

4. B型（H176：2）

5. B型（H8：1）

6. B型（H142：1）

彩版九〇　马桥文化陶器盖

1. Ca型器盖（H76：10）

2. Ca型器盖（T0403⑤：9）

3. Cb型器盖（H144：1）

4. 刻纹陶棒（H80②：16）

5. 支座（T0802④A：10）

彩版九一　马桥文化陶器盖、刻纹陶棒和支座

1. A型（H16：1）

2. A型（H19：1）

3. A型（H193①：3）

4. A型（H194①：1）

5. B型（H26：4）

6. B型（H56①：4）

彩版九二　马桥文化陶拍

1. B型（H52：4）

2. B型（H120②：1）

3. B型（H148①：4）

4. B型（H217①：3）

5. B型（T03④B：4）

6. B型（T1102④B：15）

彩版九三　马桥文化陶拍

1. C型（H112：2）　　　　2. C型（H31：2）　　　　3. D型（H26：7）

4. D型（T0503⑤：12）　　5. D型（T1202④A：1）　　6. D型（T0803①：2）

7. D型（H138②：2）　　　8. D型（T0801②A：1）　　9. E型（H70①：5）

1. A型（H206①：6）

2. A型（T07③：5）

3. A型（H217①：2）

4. B型（G11：1）

5. B型（H193①：4）

6. B型（J10①：1）

7. C型（H206①：5）

8. D型（H186①：1）

彩版九五　马桥文化陶纺轮

1. A型（T0403④：3）

2. A型（H157：2）

3. A型（H48：1）

4. B型（T0803④A：3）

5. B型（H26：5）

6. B型（H148①：6）

1. Ab型（T1001④B：14）　　　2. Ab型（H200：7）　　　3. Ad型（T0803④A：4）

4. Ad型（T1103④B：3）　　　5. Ad型（H204①：5）　　　6. Ae型（H193②：13）

7. Ba型（H193①：1）　　　8. Bb型（T0901④A：13）　　　9. Bb型（H101③：1）

彩版九七　马桥文化石锛

1. Bb型（H112：1）　　　2. Bb型（T1001④B：5）　　　3. Bc型（H141：3）

4. Bc型（H138②：1）　　　5. Bc型（H198：2）　　　6. Bc型（H117：1）

7. Bc型（T02④B：5）　　　8. Bc型（H157：3）

彩版九八　马桥文化石锛

1. Bd型锛（T0801④B：19）　　2. Bd型锛（G4②：11）　　3. Bd型锛（H163①：3）

4. Bd型锛（H89：1）　　5. Bd型锛（H176：1）　　6. Bd型锛（J9②：1）

7. 凿（T0901④B：5）　　8. 凿（H196①：2）　　9. 凿（T0901④A：11）

彩版九九　马桥文化石锛、凿

1. Aa型（T1001④B：13）

2. Aa型（T0901④A：4）

3. Aa型（H201④：6）

4. Aa型（T1001④B：53）

5. Aa型（T0901④A：7）

6. Aa型（H195①：2）

彩版一〇〇　马桥文化石刀

1. Ab型Ⅰ式（H206①：23）

2. Ab型Ⅱ式（H26：3）

3. Ab型Ⅱ式（H217①：5）

4. Ab型Ⅲ式（H102⑨：7）

5. Ab型Ⅳ式（H8：15）

6. Ab型Ⅳ式（TC503④：43）

彩版一〇一　马桥文化石刀

1. B型（H188①：2）

2. C型（T03④A：2）

3. C型（J8①：3）

4. Da型（H56①：6）

5. Da型（H217①：1）

6. Db型（T0403⑤：18）

彩版一〇二　马桥文化石刀

1. 镰（H56①：10）

2. 镰（H70①：3）

3. 镰（H187：2）

4. 犁（T0902④A：1）

5. 犁（T01④A：6）

6. 犁（T0902④A：2）

彩版一〇三　马桥文化石犁和石镰

1. 双肩石器（H206①：3）

2. 双肩石器（T04④A：22）

3. 双肩石器（H89：8）

4. 双肩石器（T1102④B：4）

5. 圭形器（T02④A：4）

6. 石犁（T07②A：12）

彩版一〇四　马桥文化双肩石器、石圭形器及扰乱层出土石犁

1. Aa型（T1102④B：13）

2. Ab型（H106：1）

3. Ab型（H101③：2）

4. Ab型（H26：18）

5. Ab型（T1001④A：6）

6. Ac型（H148①：1）

7. Bb型（T1001④B：7）

8. Bb型（T0904④B：5）

9. Bc型（T0503④：6）

彩版一〇五　马桥文化石镞

1. Bc型镞（H102⑤：4）

2. C型镞（H186②：2）

3. C型镞（J10④：3）

4. D型镞（H204①：3）

5. E型镞（T1001④B：56）

6. G型镞（H125：8）

7. 矛（H209①：5）

8. 矛（T02④B：6）

9. 矛（H75②：4）

彩版一〇六　马桥文化石镞、矛

1. 戈（H125：2）

2. 戈（H94：2）

3. 球（J10④：5）

4. A型砺石（T0503⑤：10）

5. A型砺石（H187：1）

6. B型砺石（H34：6）

7. B型砺石（H125：4）

8. C型砺石（T1101④A：9）

9. C型砺石（T02④B：17）

彩版一〇七　马桥文化石戈、球和砺石

1. 石器坯料（H77：3）

2. 半月形石刀半成品（H87②：1）

3. 半月形石刀半成品（H142：2）

4. 半月形石刀半成品（H217①：7）

5. 半月形石刀半成品（H76：9）

彩版一○八　马桥文化石坯料和半成品

1. 斧半成品（T1101④A：8）

2. 镰半成品（H21：1）

3. 残石器（T0901④A：12）

4. 残石器（H76：5）

5. 玉器（T0904④B：2）

6. 玉锛（H41：1）

彩版一〇九　马桥文化石器半成品、残石器和玉器

1. 六朝青瓷钵（H192：9）

3. 宋代青瓷钵（J1：9）

2. 六朝盘口壶（T05②A：10）

4. 宋代青瓷擂钵（T06②A：2）

5. 宋代韩瓶（T0703②A：5）

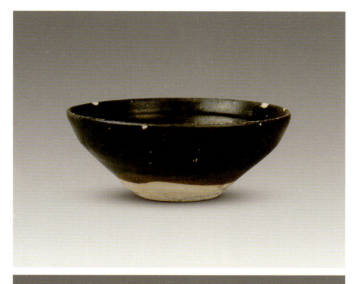

3. 宋代刻花青瓷碗（T04②A：2）

1. 宋代黑釉瓷碗（T01②A：2）

4. 宋代刻花青瓷碗（T1003②A：13）

2. 宋代黑釉瓷碗（T06②A：3）

5. 宋代刻花青瓷碗（T1003②A：15）

彩版一一一　宋代黑釉瓷碗及刻花青瓷碗